寻味福州

王颖 著

北京出版集团公司
北京出版社

图书在版编目（CIP）数据

寻味福州 / 王颖著. — 北京：北京出版社，2020.1
ISBN 978-7-200-15175-6

Ⅰ. ①寻… Ⅱ. ①王… Ⅲ. ①旅游指南—福州②饮食—文化—福州 Ⅳ. ①K928.957.1②TS971.205.71

中国版本图书馆 CIP 数据核字（2019）第 223556 号

寻味福州
XUNWEI FUZHOU
王颖 著
*
北 京 出 版 集 团 公 司
北 京 出 版 社 出版
（北京北三环中路 6 号）
邮政编码：100120

网　　　址：www.bph.com.cn
北 京 出 版 集 团 公 司 总 发 行
新 华 书 店 经 销
三河市嘉科万达彩色印刷有限公司印刷
*
880 毫米 ×1230 毫米　32 开本　5.75 印张　188 千字
2020 年 1 月第 1 版　2020 年 1 月第 1 次印刷
ISBN 978-7-200-15175-6
定价：49.80 元
如有印装质量问题，由本社负责调换
质量监督电话：010-58572393

说起中国的名菜,人们都会想到八大菜系,而闽菜就是其中之一。作为福建省菜系的代表,闽菜历史悠久,融合了中原汉族文化特色和古越族文化特色。同时,闽菜拥有华侨之乡的特殊地理优势,正所谓"华夷杂处,商贾云集""万国之梯航竞集",闽菜吸收了海外新品美食和调味料,使闽菜文化更加丰富。

闽菜特色突出,与其他菜系区别明显。由于闽菜多为海鲜珍品,食材柔软、坚韧的特性要求刀工严谨,讲求章法,因此有"剞花如荔、切丝如发、片薄如纸"的美誉。汤菜在闽菜中的地位重要,也是闽菜区别于其他菜系的明显特征之一。汤是闽菜的精华所在,有"一汤十变"之称。闽菜的汤类烹调细腻,烹调方法多样,以烹制山珍海味为主,色、香、味、形俱佳,尤以"香"和"味"见长,讲究清鲜、和醇、香而不腻。

在闽菜中,主流为福州菜。福州是福建省省会,清朝人黄成振所著的《九闽赋》云:"国家仍制胜朝,八府分剖。迨乎台湾入籍,益一而九。同为我疆,福州为首。"福州四季如春,气候尤其适合做汤。何乔远《闽书》云:"福州闽中一都会,西北控瓯剑,东南负大海,气候恒燠,田每岁两获,鱼盐果实纺织之利颇饶。"福州的汤菜风格清爽、鲜嫩、淡雅，多用海鲜，主要调味品为虾油、红糟。早在唐代以前，国人就已开始用红糟（别称"红曲"）做烹饪作料。唐朝徐坚的《初学记》中记载："瓜州红曲，参糅相半，软滑膏润，入口流散。"后来红糟被中原移民带入福建，成为闽菜烹饪文化中的特色。从此，红糟成了烹饪时的常用作料，福州菜的"百汤百味"中往往含有糟香扑鼻之感。

  清末民初，福建涌现出一批技艺高超的名厨，富有地方特色的菜馆也陆续出现，如"聚春园""惠如鲈""广裕楼""另有天""嘉宾"等，这些菜馆擅长满汉席、官场菜，也有以地方风味为主要特色的。这些名菜馆在创制众多名菜的同时，也使闽菜在众多菜系中独树一帜。在福州菜中，"佛跳墙"闻名中外，这道菜于清朝后期由福州"聚春园"菜馆首创，距今已有100多年的历史。除了佛跳墙，用红糟做的鱼、鸡等肉类，如"鸡丝燕窝""茸汤广肚""肉米鱼唇""鸡汤氽海蚌""淡糟鲜竹蛏"等，也都是闽菜中的特色名菜。

  寻味福州，便是沿着古老的闽菜文化寻找鲜香的美味佳肴。明代杨守阯在《到福州城奉和家大人韵》中云："闽越南来第一州，城中三岛列仙游。诸番珍舶来重译，万顷涂田种两收。榕巷书声灯火夜，蓼汀渔唱棹歌秋。道山亭在烟霞里，未得登临最上头。"福州菜从唐代开始自成一派，到明清时期达到鼎盛，1000多年来，囊括了闽菜烹饪的特色、技艺、文化，产生的名菜可谓如珍似宝，在闽菜体系中熠熠生辉。福州菜是闽菜的集大成者，在20世纪三四十年代形成14个流派，争奇斗艳，各有千秋。对于一个喜爱美食的人来说，有机会品尝闽菜中的精华名肴，乃是此生一大幸事。

目录 CONTENTS

行前必知 /08
必游景点 TOP 10 /10
人气美食 TOP 10 /12

行住玩购样样通 /15

行在福州 /16
住在福州 /16
玩在福州 /17
购在福州 /17

鼓楼区
一口酸甜一口鲜 /19

鼎边糊　恋祖爱乡的风味小吃 /20
木金肉丸　沿街叫卖的咸甜风味 /23
南煎肝　刀工与火候的极致考验 /26
扁肉燕　家家户户的平安吉祥 /29
荔枝肉　福州菜的名片 /32
虾酥　老少咸宜的最佳礼品 /35

红糖粿　年年高，岁岁红 /38
黄米糕　老福州人的心头好 /41
菜头饼　热热闹闹的喜宴糕点 /44
福州鱼丸　清新天然的海鲜风味小吃 /47
捞化　老少咸宜的大众美味 /50
荷包鱼翅　清醇荤香的闽菜杰作 /52
贡糖　进贡帝王之精品 /54
虾干饼　甘甜酥脆香飘远 /56
炒肉糕　巧媳妇的拿手菜 /58
醉糟鸡　醇香浓郁，食之不腻 /61
淡糟香螺片　皑皑白雪一点红 /64
豆腐蛎　调节水土的接风菜 /67
葱肉饼　最香浓的家常味儿 /70
红糟鱼　色泽惊艳，香味浓郁 /72

台江区
美食羁绊，走走停停 /75

佛跳墙　美味珍馐，回味无穷 /76
鸡汤氽海蚌　国宴第一海鲜美味 /78
炒白粿　好吃年味浓 /81
福州年糕　用心复制传统 /83

菊花鲈鱼　形似菊花，朵朵绽放/109
扳指干贝　黄白相间，素雅美观/111
福州鱼面　百吃不厌的上乘佳肴/114
洋酥　挡不住的诱惑/117
依幼鱼丸　无鱼丸不成席/119

晋安区
食在舌尖，美上心头/123

蒜蓉枝　绵甜酥脆的千千结/124
鼎日有油酥肉松　苦日子里的家乡味儿/127
清炒芥菜　观之悦目，食之解腻/129
太极芋泥　外冷内热最香甜/131

九层粿　重阳节的登高小食/85
礼饼　芳香鲜美，甜中存咸/87
猪油炒米　家喻户晓的福州名点/90
碗糕　立夏时节的清凉小点/93

仓山区
从口到心，感悟美食/97

线面　九天玄女的美味传奇/98
光饼　福建饼中之最/101
拌粉干　当猪油遇见葱花/104
一品鲳　最有格调的佐酒菜/106

红鲟蒸粉丝　逢年过节添喜庆/134
福州炖罐　融于汤水的鲜香/137
醉排骨　香飘四海令人醉/140
爆炒双脆　一道清爽小炒/142
猪皮酸辣汤　酸而稍甜，甜中带辣/145
白炒鲜竹蛏　三色相映，风味诱人/148
芋头番鸭　清清爽爽，汤汤水水/150

长乐区
一箪一瓢里的平安喜乐/153

三鲜焖海参　大雅之堂的"压轴戏"/154
长乐冰饭　冰冰爽爽好味道/157

五香卷　香脆酥鲜，妙不可言/160
糟汁汆海蚌　集百川灵气于一体/163
鸳鸯饼　在天愿作比翼鸟/166
芋粿　最纯正的"福地"美味/168

福清市
福地美味，有容乃大/171

福清春卷　皮薄如蝉翼的民间小吃/172
咸饭　当菜肴邂逅米粒/175
八宝鲟饭　巧搭成味，浓香扑鼻/177
牛滑　舌尖上的原汁原味/179
海蛎饼　壳儿酥脆，馅儿鲜美/181

行前必知

【福州印象】

福州，又称榕城，简称"榕"，是福建省省会，也是福建省的政治、经济、文化中心。福州曾获"中国优秀旅游城市""国家历史文化名城"等称号，是海上"丝绸之路"的门户。福州具有强烈的地域特征，其习俗、文化、建筑、传统艺术等皆自成一派，很有历史底蕴。

【地理】

福州位于福建省东部的闽江口地区，东边是东海，与台湾北部只隔了一个台湾海峡。福州地势西高东低，山地丘陵居多，属于典型的河口盆地，盆地四周被群山环绕。福州的海岸线漫长而曲折，总长约1137千米，岛屿众多，最大的岛屿是海坛岛。

【气候】

福州是典型的海洋性亚热带季风气候，温暖湿润，四季常青，降雨量大。福州临海，经常受到台风的强烈影响，每年的7—9月是台风活动期。福州夏季长，冬季短，年平均气温较高。

【历史】

汉朝初年，闽越王无诸在今福州建冶城，这是福州建城的开端。隋唐时期，福州一带逐渐繁华，闽州改名福州。福州城在五代时期已经非常繁荣，城池的扩建将乌山、于山、屏山圈入城内，从此福州也得名"三山"。宋代时期，福州扩建城池，大兴水利，榕树遍布，"榕城"的别称由此而来。福州是宋朝六大城市之一，是宋朝造船业的中心。至明清两代，福州城大规模发展，成为中国重要的海洋贸易中心。到晚清时期，福州已经是中国较为现代化的城市。

【民族与宗教】

福州居民以汉族为主，少数民族大部分为畲族，其次为满族、回族等。汉族大多属于闽民系的一支，以福州话为母语，文化风俗独特。

福州民众的宗教信仰各种各样。福州各地还流行着不同的乡土神灵，如妈祖。此外，福州深受儒家思想影响，传统上有祭祀祖先和地基主的习俗。

【文化与艺术】

福州文化是闽南文化的代表，具有典型的地域特征，不仅是对中华传统文化和习俗的继承和发扬，也有自身独特的文化艺术特点。

福州有大量本土曲艺和民间音乐，其中最主要的本土戏剧是闽剧（福州戏）。福州传统民间音乐的代表是十番音乐，它被列为第一批中国国家级非物质文化遗产。

福州十邑一带还流行评话，它最早出现于明末清初，发源于柳敬亭。以演唱为主的福州民间说唱艺术称为伬艺（伬唱），发源于唐宋百戏，声腔和闽剧类似，但唱词唱腔更通俗。福州疍民渔歌以福州话演唱，是福建省省级非物质文化遗产。福州畲族流行畲歌，用长篇叙事歌来讲述畲族的民族历史。

【美食】

福州菜是闽菜的代表，有"福州菜香飘四海，食文化千古流传"的说法。福州人的口味偏甜、酸、淡，他们擅长做汤，有"一汤十变"的美称。福州的风味小吃名目繁多，很多在明清时期就已流行。

必游景点 TOP 10

【三坊七巷】

福州市鼓楼区南后街两旁,从北到南依次排列了十条坊巷,这就是福州著名的"三坊七巷"。这里被誉为"里坊制度活化石",也是不可多得的"明清建筑博物馆"。

【福州国家森林公园】

福州国家森林公园是全国十大森林公园之一,始建于1960年。公园内国内外珍贵树种不计其数。园内的福州鸟语林拥有众多世界各地的珍稀鸟类,是国内鸟类品种最全、数量最多、鸟艺表演最丰富的鸟语林。

【鼓山】

鼓山山顶有一巨石,平展得像鼓一样,每当风雨交加,便有"隆隆"的声音,因此得名"鼓山"。鼓山历来是福州的游览胜地,山上有诸多景点,如涌泉寺、喝水岩、十八景等,有几百处古代摩崖石刻。

【林则徐纪念馆】

林则徐纪念馆原为林则徐的祠堂,为古典式的园林建筑。这里是全国中小学生尤其是福建省重要的研学实践教育基地,收藏了大量文物资料,介绍了林则徐的个人生平和鸦片战争的历史背景。

【福建博物院】

福建博物院始建于1933年,属于国家一级博物馆,集文物保护、文物考古、历史、自然标本、艺术研究为一体,有大量珍贵文物。该建筑富有福建民居特色,图腾柱体现了"闽"字的内涵。

【左海公园】

左海公园是福州市区面积最大的公园,以"五洲风光"为主题,建有中国长城模型、西游记艺术宫、日本园等。北大门广场周围种着17株巨大的榕树。

【平潭将军山】

平潭将军山位于海坛岛(亦称平潭岛),这里山势陡峭,怪石嶙峋,山下有古代摩崖石刻等古代遗迹。将军山原名老虎山,1996年因解放军军事演习,多名将军登山观战,遂改名"将军山"。

【于山风景区】

于山风景区是福州的地标性景区。于山外形像一只巨鳌,风景秀丽,是历代有名的游览胜地,在古代有"大鳌二十四奇景"之美称。这里还有纪念明代抗倭名将戚继光的戚公祠,有严复读书处"法雨堂",还有平远台、醉石等景点及宋代以来的百余处摩崖题刻。

【冰心故居】

冰心故居实际上住过著名作家冰心、辛亥革命烈士林觉民、建筑师和作家林徽因三位近现代名人,具有特殊的文化和历史意义。

【中国船政文化博物馆】

中国船政文化博物馆正面造型为两艘战舰,是中国首个"船政"主题博物馆,馆藏大量珍贵文物、图片和模型,展示了近代中国在船政事业上的发展历程。

人气美食 TOP 10

【永和鱼丸】

　　永和鱼丸是福州鱼丸的代表，具有营养、天然、保健的美食特色。永和鱼丸选料精细，味道鲜美，滑润清脆，制作考究，口感好、筋力佳，久煮不变质，煮熟之后色泽洁白，形状玲珑晶亮又富有弹性。

【荔枝肉】

　　荔枝肉是福州最传统的名菜之一。烹饪之前，先将猪瘦肉划上十字刀花，切成楔形块，猪瘦肉炸后卷缩成荔枝状，因而得名"荔枝肉"。荔枝肉味道酸甜，充分体现了闽菜的精华。荔枝肉的配菜讲究"夏用马蹄，冬用土豆"，合理的搭配让这道菜别有风味。

【佛跳墙】

　　佛跳墙可能是闽菜中最有名的一道菜。它由20多种原料煨制而成，既有这些原料共同的荤香，又保持了各种食材的特色。可以说，它几乎囊括了人间的所有美食，各种香味互相渗透，味中有味，回味无穷。

【荷包鱼翅】

　　荷包鱼翅是极具特色的福州传统名菜。它色泽透明，味道鲜美，质地软滑，造型美观，吃起来有香醇、荤润的感觉，齿颊留香，令人难忘。

【福州线面】

　　福州线面是传统的地方小吃，广泛流行于华南和台湾一带。线面早在南宋时期就有记载，有"丝细如发、柔软而韧、入汤不糊"的美名。线面的传统吃法是在一碗面上加两个蛋，称为"太平面"。

【牛滑】

牛滑是福州历史悠久的风味小吃，使用无筋、无骨的后腿精肉，加入地瓜粉和精盐，捣烂如泥，和着一定比例的勾芡，然后一小块一小块地揪下来，扔到熬好的牛肉汤里，煮熟后连汤带肉一起出锅，入口爽滑细润。

【长乐冰饭】

每年的夏季，在长乐的街头，随处可以见到"冰饭"的招牌，它作为冰镇甜点，清凉美味，老少皆宜。冰饭口感类似于冰粥，又比冰粥更加香甜清爽、营养丰富。

【鼎边糊】

鼎边糊清香可口，是福州最常见的早点，极具福州地方特色，在海南、台湾等地也很受欢迎。这道小吃虽然貌不惊人，却历史悠久。

【淡糟香螺片】

淡糟香螺片是闽菜中最著名的刀工菜之一。菜品片薄如纸，晶莹透亮的香螺片上装点着殷红的糟汁，雪白中带着淡淡的赤红，独特的香味令人无法抗拒。

【鸡汤氽海蚌】

作为一道以海鲜为原料烹制的汤菜，鸡汤氽海蚌被称为闽菜系中的"神品之作"。这道菜早在宋代就有记载，囊括了闽菜的"清、淡、鲜、脆"四大特色。

行住玩购样样通 >>>>>

行在福州

如何到达

飞机

福州长乐国际机场位于长乐区东部海滨,为厦门航空和福州航空的枢纽机场,是我国航空国际口岸之一。

火车

福州有两个火车站:福州站和福州南站,都属于铁路一等客运站,均可以与地铁1号线换乘。

市内交通

公交

福州的公交很便捷,5:00—23:00在主要路段上均有公交车。

出租车

福州出租车众多,快捷方便。

地铁

福州市现行地铁线路有1号线和2号线。在建线路有4号线、5号线、6号线和滨海快线等。

住在福州

聚春园驿馆 (福州三坊七巷店)

地址　鼓楼区三坊七巷宫巷22号
电话　0591-63033888
价格　388元起

聚春园驿馆是一家精品民俗客栈,地处三坊七巷的宫巷中,环境典雅,有正宗的闽菜餐厅。

福建阳光假日大酒店

地址　台江区五一广场高桥路26号
电话　0591-83365333
价格　328元起

福建阳光假日大酒店位置佳,附近有于山风景区等,出游十分便利。酒店最大的特色是24小时提供纯天然温泉水洗漱。

玩在福州

三坊七巷

地址　鼓楼区三坊七巷区域
电话　0591-87675791
门票　里面各景点门票不一,从5元
　　　到15元不等

三坊七巷是福州景点的代表,在这里可以触摸到福州文化和历史的源头。它保留着古代的坊巷格局,是罕见的古代里坊制度的见证者。

平潭将军山

地址　平潭县海坛岛
电话　0591-52894496
门票　10元

平潭将军山的山洞中播放1996年解放军联合演习时的录像。山下有古代摩崖石刻、长数百米的一线天等景点。

购在福州

永和鱼丸

店铺　永和鱼丸店(南后街总店)
地址　鼓楼区南后街89号
电话　0591-87502905

永和鱼丸选料精细,味道鲜美,即使久煮也不会变质。煮熟后色泽洁白,晶亮又有弹性。买回家后可做汤或热炒,有很高的营养价值。

福州福橘

店铺　福州各超市和水果市场

福橘是福州的市果。福橘色泽艳红、皮薄汁多,风味独特。福州民间有制作橘灯的习俗,冰心的《小橘灯》就是对福州这一习俗的描述。

鼓楼区
一口酸甜一口鲜 >>>>>

"烟雨偏宜晴更好,约略西施未嫁。待细把江山图画。"昔日大词人辛弃疾流连鼓楼美景,心醉神摇。远眺荷花浮碧波,荡漾粼粼,食一碗扁肉燕,别有一番韵味。

鼎边糊

地址　鼓楼区南后街55号
电话　18558827108

鼎边糊

恋祖爱乡的风味小吃

　　福州菜是闽菜的重要组成部分，是千百年来当地人智慧的结晶。福州风味小吃丰富多样，其中，就有这样一道名吃——鼎边糊。它又称锅边糊或料粿。我知道这道名吃，是听福州的朋友说的。据说这是当地早点的佳品，如果佐以海蛎饼，会更加可口。如今，它已经成为福州的一种特殊标志，从福州一直流传到海南、台湾等地，受到大众的喜爱和欢迎。

　　清代郑东廓所著的《福州风土诗》中写道："栀子花开燕初雏，余寒立夏尚堪虑。明目碗糕强足笋，旧蛏买煮锅边糊。"由此可以看出，锅边糊这道小吃清朝时便已出现在福州。说起鼎边糊的来历，还有一段不同寻常的故事。据说在明朝嘉靖年间，福州沿海城乡常遭倭寇骚扰，戚继光带兵入闽剿倭寇，受到当地民众的拥戴与欢迎，老百姓经常送粮送食犒劳戚家军。有一天，戚家军到了福州南郊，当地乡民摆下八仙桌，主动送来大米、鱼肉、香菇、虾皮等，准备热热闹闹地招待凯旋的战士们。就在此时，又有一股倭寇来袭，戚继光问清情况，马上集合队伍准备歼灭敌寇。老百姓一听着急了，无论如何也要让战士们吃了饭再去打仗。不知是谁灵机一动,将大米磨成浆,将肉丝、蚬子、金针菇、木耳、蛏干、干贝等一股脑儿混煮成清汤,涮米浆于锅边,不消一刻钟,一锅又一锅的鼎边糊就做出来了。众将士吃饱后奋勇上阵,把倭寇全部消灭了。

老福州人吃的鼎边糊,已经做了很多改良。据说有一家主妇磨了米浆准备蒸九层粿,突然来了客人。因为家里煮的饭不够吃,主妇灵机一动,在烧菜的锅边绕烙米浆,既做菜又可当饭,客人吃得甚为满意,赞扬一番。不久这种吃法在福州传开,各家争相仿效,时久成俗,这就是福州人喜欢的"鼎边糊"。如今几乎所有福州小食店都经营鼎边糊,而且几乎所有家庭主妇都会做鼎边糊。每到农历的立夏时节,福州人都要做鼎边糊"做夏"。因为立夏标志着进入农忙时节,这一天煮鼎边糊,不仅可以让一家人吃饱吃好然后下田劳动,还可以赠左邻右舍一起品尝,像涮鼎边糊一样,"一纹(涮)就熟",借以联络感情。

听朋友说,凡是在福州生长或长期客居福州的人都爱吃鼎边糊,而且旅居海外的福州人在异国他乡,只要一听见"鼎边糊"三字,也会感到好像闻到了家乡的"味道",所以它已经成为恋祖爱乡的风味小吃。听朋友说了这么多,我对鼎边糊更充满好奇,恨不得马上就能吃上一碗。

在朋友的推荐和带领下,我走进了这家小店。门口黑色的木板上镌刻三个金色大字"鼎边糊",店面看上去有一种苍古的历史感,有着木质的窗棂和古朴的桌椅。坐在店里有一种古老陈旧的感觉,霎时让人产生错觉,好像穿越到了几百年前。据老板说,店里的鼎边糊用蚬子汁为汤,在锅里烧开取其鲜味,再把磨好的米浆沿着锅边一圈涮过去,米浆在锅边烫成干皮后用锅铲刮到汤里,加芹菜、葱、虾皮、香菇等作料,烧开后起锅就是一盆滚烫的"鼎边糊"。

做法听起来并不复杂。刚出锅的鼎边糊白脆薄润,汤清不糊,食之细腻爽滑,清香可口,色、香、味俱全,吃一口,好印象油然而生。朋友告诉我,如今鼎边糊的小吃摊在

福州的街头巷尾处处可见,食品店里也有袋装"鼎边糊"出售,可以买回家随时煮食。还有风味独特的锅边糊,汤汁用胴骨、猪大肠、小肠等熬制而成,配以肉包、春卷、油饼等各类小吃,是早餐的极好选择。

我吃着鼎边糊,配上一份海蛎饼,热腾腾的水汽升起,模糊了视线,飘散在明媚的阳光中。喝下一口鲜汤,回味无穷,再咬上一口油滋滋的海蛎饼,闭上双眼——真的没有比这更美味的了。福州的早点,属此最佳。

木金肉丸老铺（南后街店）

地址　鼓楼区南后街91号
　　　（永和鱼丸旁）
电话　0591-88000998

鼓楼区　一口酸甜一口鲜

木金肉丸
沿街叫卖的咸甜风味

可以说，肉丸这种食品是福州十分常见的，肉丸的口味和品牌也有很多种，但最经典的还是木金肉丸，它在福州人心里的地位可是无法撼动的。

我第一次见到木金肉丸，就被它的外表所吸引，这种肉丸晶莹透亮，如玛瑙，似琥珀，非常吸引人的眼球。朋友告诉我："你可别小觑它的味道，这种肉丸气味芬香扑鼻，味道清香纯正，口感脆韧耐嚼，软润俱全，甜中带咸，油而不腻，具有福州的独特风味。并且因为物美价廉，不少酒店和菜馆也会订购一些肉丸，作为酒席上的点心。"

我听了有些纳闷。用肉丸当作点心，我还是头一次听说。但是南方的饮食中有很多点心都是甜咸结合的口味，也有用猪肉、牛肉、鱼肉入料做点心的，比如肉粽子、肉松饼之类，所以木金肉丸当点心，也并不是什么稀奇的事情。

木金肉丸起源于1910年，是一个名叫姚木金的人开创的，以白芋头、薯粉、猪肉、红枣、芝麻、红糖等作为原料。除了最基本的口味，姚木金还想方设法增加肉丸的种类,做出了甜中带咸、咸甜适口、别具一格的木金包馅肉丸,每粒肉丸里面都包有甜咸味道的肉馅。最早的时候,姚家住在城内后街澳门路营房里口,地方比较偏僻,所以每日雇用流动摊贩头顶着小甑子沿街叫卖"木金肉丸真好吃",之后渐渐出了名。那时候的木金肉丸,除在城内鼓楼区大量销售外,还被运到台江商业区、仓山文化区及郊区贩卖。木金肉丸因为质量好和口味独特而受到众人的广泛喜爱。而姚木金也因自己的努力和坚持获得了事业上的成功,最终使得木金肉丸享誉福州,成了家喻户晓的美味。

1956年,姚木金的肉丸店实行公私合营,其子姚依盘继承其业。后来木金肉丸停止生产,直到20世纪80年代,福州市政府举办名牌货展销会,年过花甲的姚依盘制作的木金肉丸被评为名牌产品。1986年,姚依盘在南后街恢复经营木金肉丸店。朋友带我去的就是这家木金肉丸老铺,店面不算太大,又赶上节日,里面人头攒动,热闹无比。独特的肉丸放在大荷叶笼屉里蒸熟,吃起来味道可口,外壳脆而富有韧劲,令人齿颊留香。

朋友是福州本地人,他一边吃肉丸,一边告诉我,在他小时候,木金肉丸是一个十分重要的存在,如今每当吃到香喷喷的肉丸,都能勾起童年的记

忆。一碗肉丸、一串冰糖葫芦，就是他小时候能吃到的最可口、最甜蜜的小吃了。现如今，他工作繁忙，有时忙里偷闲到木金肉丸老店吃上一碗热气腾腾的肉丸，透过汤汁的热气，仿佛看到童年的自己正狼吞虎咽地吃着心爱的肉丸。只要轻轻咬上一口，童年的记忆便如泉水般喷涌而出，儿时自己的那种无忧无虑的生活又浮现在眼前，让他不禁对已逝的年华产生无限的眷恋和不舍。

我没想到，吃一碗肉丸竟让他如此感慨，于是安慰他，回忆过去不是为了感伤，而是要唤醒自己最初的那份向往和执着。

眼前这一颗颗肉丸，色泽鲜艳，晶莹透亮，既让人赏心悦目，又能诱人食欲。我想，只有亲自尝过之后，才能领略那独特的美味。其实，对于很多人来说，品尝美味的小吃不仅是为了回忆过去，也是为了在这类食物中寻找曾经发生的故事。有时候，在满足自己的味蕾的过程中，我们会发现一座城市的变化和一些人物的成长轨迹。在城市的角落中，不管世事如何变迁，只要曾经有美食存在，它的味道就会永远存在于人们的记忆中。

当然，在我的生命和记忆中，木金肉丸是一道不可错过的美味。

老福州徐记（斗东店）

地址　鼓楼区八一七中路55号洪腾阁5号店面

电话　0591-83616985

南煎肝

刀工与火候的极致考验

晚上正为第二天的旅行做着攻略，接到一位朋友的来电，询问第二天的计划，当我提到南煎肝的时候，她十分兴奋地说要带我去一个老福州人最爱去的一家店，那里有我绝对感兴趣的东西，还没等我反应过来她就神神秘秘地挂断了电话。好奇的我第二天一早就找到了她，又是坐车，又是走路，折腾了个把钟头，终于到了这家被无数人口耳相传的店。

与朋友入座后，她熟练地点了几道这里的招牌菜，然后便开始滔滔不绝地向我推荐她认为在闽菜里最嫩的菜品——南煎肝，它也是这个店的招牌菜之一。

据朋友介绍，南煎肝是福建地区家常菜的代表，深受人们的喜爱，除了因为味道极佳，还因为它非常有营养。南煎肝的原料是猪肝，因为"南"和"两"在福建方言里的发音是一样的，所以南煎肝其实是"两"煎肝，也就是猪肝要经过两次加工才能完成。这道菜品的做法虽然简单，但是对刀工和火候的要求非常高，可谓闽菜中刀工与火候的极致考验。

要保持猪肝新鲜的口感，猪肝在锅里停留的时间就不能太长，而且在切猪肝的时候必须切得很薄，以保留猪肝嫩滑的口感——这也是南煎肝好吃的秘诀所在。调制酱汁时，往鲜香浓郁的甜味蒜头酱汁中加入其他调料，两者碰撞出一种咸中带甜的美味，完全盖过了猪肝本身的腥味。

我们正聊着，一位清纯的姑娘给我们端来了一盘热气腾腾、香味扑鼻的南煎肝。我迫不及待地取了筷子伸向盘子，夹起一块塞进嘴里。火候恰到好处，嫩滑的猪肝有独特的弹牙口感，浓郁的酱汁冲击着味觉，有着非凡的享受。裹猪肝的番薯粉浆被炸得焦脆，在不影响猪肝口感的情况下，带来另一种奇妙的味觉体验：外酥里嫩，带着一丝酸甜味道。朋友吃得频频点头道："这就是老福州的味道，传统的闽菜风味！"

这道菜对我来说完全是一个惊喜，让我这个鲜吃动物内脏的人也觉得异常美味，并打破了以往我对猪肝菜品的看法。根据我品尝美食的经验，这么嫩滑的猪肝，对火候的要求一定是极高的。我问了那端菜的姑娘，果然如此。她说猪肝一旦炒久了，味道就变差了，而且炒得干巴巴的猪肝实在无法让人下咽。炒猪肝的时候，油要烧得比较热，第一次下锅要非常迅速，下锅后用筷子划开后就关火。这时猪肝可能表面还没变色，但锅的余热足以让薄嫩的猪肝变熟。如果等到猪肝完全变色再关火盛出，火候就已经过了。第二次下锅炒猪肝时，加入配菜，一定要大火爆炒几秒。南煎肝好吃与否，关键

就在那分秒的把握，这也是对厨师的考验。

听了姑娘的解说，我不禁点头赞叹，如此讲究工艺和火候，难怪这家店的南煎肝好吃得无法形容。其他几道菜也陆续上桌，如风卷残云般，顷刻间桌上只剩下了空空的盘子。

填饱了肚子，品着一杯下午茶，悠哉地欣赏着这大隐隐于市的秘店，颇有一种返璞归真的境界。满足感和幸福感充斥在心里的每个角落，我悠悠地喝一口茶，对朋友笑道："这就是生活的意义所在啊！"

同利肉燕老铺

地址　鼓楼区澳门路3号
　　　（林则徐纪念馆对面）
电话　0591-87515631

鼓楼区　一口酸甜一口鲜

扁肉燕
家家户户的平安吉祥

众所周知，闽菜历经数百年，闻名天下。而说起闽系美食，有一样是不得不提的，那就是扁肉燕。扁肉燕别名肉燕、扁食，又称太平燕，是一道以肉燕皮、猪肉馅、葱花、白糖、麻油为主材的福建汉族风味小吃，因为形状似燕而得此名。按照福州风俗，扁肉燕是一道喜庆名菜，当地人逢年过节、婚丧喜庆、亲友聚别必吃"太平燕"，取"太平、平安"之意，寓意平安吉祥，故而有"无燕不成宴，无燕不成年"的说法。

因为燕子象征着家业兴旺、团圆，所以，在福州，逢年过节的时候，人们都会吃扁肉燕以求平安如意。不仅如此，扁肉燕还是一道思乡菜。在福州人看来，不管走到哪里，只要能吃到扁肉燕就仿佛回到了故乡。

福州人常把鸭蛋和扁肉燕组合在一起。福州话里的鸭蛋发音与"压乱"谐音，而扁肉燕是扁平状的，寓意"太平"。一个"压乱"，一个"太平"，这二者组合，预示着远离战乱，平安顺遂。后来，人们用鹌鹑蛋取代鸭蛋，鹌鹑谐音"安全"，鹌鹑扁肉燕代表"安全太平"。就这样，"太平燕"因其深厚的寓意和鲜美的味道，成为家家户户都喜爱的一道美味佳肴。

扁肉燕是一道历史悠久的闽系小吃，究其历史，可追溯至明朝。据传，闽北山区有一位告老还乡的官吏，因为吃惯了山珍海味，也为了排遣远离官场之后的无聊烦闷，便整日在家里吃喝玩乐消磨日子。有一天，他闲来无事，便吩咐家里的厨师给自己做一些以前没有吃过的东西。厨师琢磨了半天，实在想不出这位官大人能有什么没吃过的东西，这时他看见了一只没来得及烹食的猪后腿，又看见了手边佃户新送来的地瓜粉，便来了主意。他先将猪后腿上的肉割下来捶打成肉泥，又抓了几把地瓜粉掺进肉里，和成一团之后揉了片刻，然后擀成薄片，再切成小方形，最后包上调好的肉馅儿，滚汤煮熟，配上高汤，一道新颖的美食就成了。厨师将做好的美食端给了大人，一碗醇香、滑润的扁肉燕下肚，大人神清气爽，连声叫好，忙问厨师这是什么吃食。这时，厨师还没来得及给它起名，抬头看见屋檐处有燕子窝，便随口答说："这是扁肉燕。"至此，一道新的美食——扁肉燕就诞生了。它先由官大人家传入当地的大户，慢慢地，开始传遍福州，并成了当地有名的小吃，也逐渐有了"太平扁肉燕，老少都喜欢"的说法。

扁肉燕有许多吃法，现在一般先用肉、盐、生抽、糖加少许葱花拌匀腌制成肉馅，再将猪肉和地瓜粉拍打成纸张般薄厚的燕皮，一手托燕皮，一手夹肉馅，然后收口，最后把包好的扁肉燕码在箅子上，上锅蒸十分钟，就可以出锅了。扁肉燕趁热吃味道最好。除此之外，扁肉燕还可以煮着吃，一般都是将包好的扁肉燕下在煮开的高汤或清水里，再放几片芹菜叶、几滴香油，煮滚了就可以起锅了。

在福州，说起扁肉燕，便不得不提同利肉燕老铺，在当地，它可是个知名老字号了。同利肉燕老铺的扁肉燕都是严格遵照祖方，选用猪后腿上的精肉，配以上好的番薯粉，通过精细复杂的工序手工打制而成的。他家的扁肉燕头圆尾散，样子就像飞燕一般。打眼一看，如润玉翡翠一般精致好看。入口一尝，不仅滑嫩而且爽脆，故而在福州有"同利肉燕,百吃不厌"的说法。

到了福州,怎能不去同利肉燕老铺品一品扁肉燕的滋味?一得空儿我便拉着朋友来到了这家店,进了门,还没来得及欣赏店里的环境就向服务生点了这道大名鼎鼎的扁肉燕,然后忍不住向朋友说起了来之前做攻略时对它的了解。不多时,扁肉燕上桌,一口入喉,我不禁叹道:"果然是皮如白纸,色似美玉,滑爽香脆,韧而筋道。"伴着老城的气息,我迷醉在了扁肉燕的味道里。

文儒闽菜馆

地址	鼓楼区通湖路文儒坊56号
电话	0591-88567888

荔枝肉

福州菜的名片

闽菜不仅以注重纯天然的食材而闻名于天下,刀工和火候也格外考究。而在众多闽菜佳肴里,荔枝肉又不失为一朵奇葩,是一道美味与颜值并存的佳肴。

荔枝肉是福建省福州和莆田一带极具特色的传统名菜,至今已有两三百年的历史。荔枝肉的原料是荸荠和猪肉,其烹饪方法是将猪肉划成十字刀花,再切成楔形块,因为十字刀花的深度和宽度都均匀适宜,因此炸过以后猪肉卷缩成酷似荔枝的形状,荔枝肉也因此得名。这道闽式佳肴里的作料包括香醋、番茄酱、白糖和酱油等,吃起来味道酸酸甜甜的,可以说是最能体现闽菜精华的一道菜。

荔枝肉是一款历史悠久的焦熘小炒,是清朝末年一位名为王宝山的福建厨师发明的。这位王师傅擅长烹饪,尤其是糖醋口味的菜肴,在福州、厦门一带颇有名气。后来,在许应骙的推荐下,王宝山于1896年应召入宫,在宫廷的御膳房里工作,专门为帝后们烹饪各种糖醋口味的佳肴。据说,慈禧太后向来口味刁钻,但在品尝过他烹饪的菜肴后大为称赞,还将王宝山封为"抓炒王"。到了仲夏时节,王宝山回忆起家乡的风土民俗,想必这时家中的荔枝树上早已挂满了红彤彤的荔枝。于是,王宝山精心研究,彻夜揣摩,次日中午做出了一道貌似荔枝的熘肉段。这荔枝肉脆而不腻,酸甜可口,入口即化,让慈禧太后胃口大开,赞不绝口。于是,这道颇具闽式风味的佳肴渐渐流传开来。

作为福州菜的代表,荔枝肉在原料的选取上很考究。在选肉上,要选取猪后腿上肥瘦相间的肉。肥肉会让成品晶莹剔透,口感也更润滑细腻。在加工上,划十字刀花时的力度很有讲究,深度和宽度必须均匀,这样肉炸过以后,才会呈现微微卷缩的状态。调味汁则以番茄酱、白糖和醋等勾兑而成,对比例的把握尤其重要,稍有欠缺,就会让这道菜肴失去应有的风味。

我在福州游玩时,结识了不少福州本地人。此番游玩本就是为了寻觅当地的特色美食,免不了与当地人频频聊起各色佳肴。听说,荔枝肉的配菜也有讲究,即"夏用马蹄,冬用土豆"。马蹄也就是荸荠,无论是色泽,还是质地,它都与"荔枝肉"的名头更相称。但是,土豆裹上芡料之后,口感温和细腻,倒也不失一派家常风味。

说起吃荔枝肉的好去处,福州人首推的就是老城鼓楼区的文儒闽菜馆。

这家饭馆坐落于弄堂之中，别有一番风情。它的装潢很有人文气息，几个大门面连在一起，里面大大的圆桌和木质的家具摆设无不在提醒着食客，这是一座饱经风霜的老宅子，一座有故事的老宅子。来到包间，里面通透安静，一盘分量十足的包心荔枝肉也不过68元。夹起一块荔枝肉，外面的壳儿红彤彤的，咬开一口，里面的肉鲜嫩爽滑。

　　一口一口慢慢品味着这酸甜可口的闽味，听着窗外飘来的若有若无的小曲儿，心境也是妙到了极致。寻觅美食的最高境界也许并非找到那一口期盼良久的心头好，而是在这一口一口的美味当中体悟这好山好水的独特风情。伴随着这闽地清凉的夜风，我的心也轻柔地舒展开来。

回头客连江锅边
地址　鼓楼区东街口庆城路23号
电话　18120945349

鼓楼区 一口酸甜一口鲜

虾酥
老少咸宜的最佳礼品

福州是一个很重视吃的地方，可谓饕客们的天堂。福州菜作为闽菜系的一个重要分支，拥有的特色小吃不胜枚举。虾酥作为福州特色小吃的代表，自然是不可不尝的。不过，因为近些年来街头流动摊贩大量减少，在福州城区已经很少能见到正宗的虾酥了，但是这也不会让美食追寻者们停下脚步，对他们来说，最快乐的事情莫过于循着老城的气息去寻觅美食了。

如果你在福州，不妨问一问那些满脸沧桑的老福州人，他们一定会告诉你，在他们的记忆里，虾酥是一种怎样的美味。在物资匮乏的年代，虾酥里只有小小的虾米，但在当时它已是绝对奢侈的美味。现在，人们的生活好起来了，物资越来越丰富了，老福州人记忆里的奢侈美味也早已变得稀疏平常。

早年的虾酥都是用木柴灶烧的，在资深厨师们的眼里，这种传统而又原始的烹调方法讲求用猛烈的火力去保留食物的味道，其中的技巧就在于时间的把握。现在，木柴灶已经被燃气灶取代了，但在老福州人的记忆里，木柴灶烧成的虾酥却是难以替代的美味。虾酥的香味,仿佛穿过了老巷,随着丝丝清风飘在福州街头,经久不散。

虾酥,顾名思义,其主要原料便是虾。因为虾肉具有味道鲜美、营养丰富的特点,所以虾酥的营养价值也是极高的。虾酥堪称老少咸宜的美味,在福州,逢年过节的时候,虾酥更是礼品单上必不可少的美味。去福州街头,找一家经典美味的虾酥铺子,包上一份,装盒带走,无论走到哪里,都不失礼节。

因为有一位"老福州"朋友陪伴,我的福州之行平添了许多乐趣。来福州之前我就被大名鼎鼎的虾酥勾起了馋虫,故而刚出车站见着朋友便迫不及待地表达了我对虾酥的万分期待。在我的软磨硬泡下,朋友"屈服"了,她买好一切所需材料之后便带着我进了厨房,扬言要给我好好露一手。

朋友说,其实虾酥做起来非常简单。她一边指挥我把大米和黄豆淘洗干净,泡在清水里,一边讲着对我接下来行程的安排和建议,以及福州本地特有的风俗和饮食习惯。两个小时之后,大米和黄豆总算泡好了。朋友满意地看了一眼准备齐全的材料,便挽起袖子,一边把大米和黄豆磨成浓浆,一边指挥我将虾洗净并剪去长须,把韭菜洗净并切碎。做完这些之后,朋友将

它们一股脑儿和在了一起，加入调味品，然后拍拍手，告诉我，虾酥浆料算是大功告成了。接下来就是炸虾酥了，朋友先做示范：在加热后的长柄铁勺底部放入河虾并盖上浆料，用筷子在中间拨开一个小洞，放入油锅。她告诉我，等虾酥两面都被炸成金黄色并浮出油面时便可捞出沥干，美味的虾酥就做成了。最后，在朋友的指导下我手忙脚乱地做了一大盘虾酥，虽然品相并不精致，却也吃得开心、满足。

虾酥虽然做起来简单，要做得好吃却不容易。下午的时候，朋友专程带我去拜访了一位将虾酥做得非常地道的能人，她就是回头客连江锅边的老板娘。老板娘听说我们的来意后，不仅亲手做了虾酥让我尝鲜，还告诉我，虾酥的制作原料需要提前准备，最好是在前一天晚上就准备好。黄豆和早米需要按照一定的比例浸泡好，韭菜末儿则需要用新鲜的韭菜剁成。除了在配料上注意，要做出美味的虾酥，炸制工序也是有讲究的，老板娘一边说着一边给我做起了示范。她说，在炸虾酥的时候，要把米糊平铺在铁勺上，中间的洞要留出一角钱硬币大小，这样做出来的虾酥才香酥入味。

看着眼前香酥脆软的虾酥，忍不住轻咬一口，瞬间满嘴鲜香。我一边冲老板娘竖着大拇指，一边吃得津津有味。这样的美味，谁又舍得拒绝？我想，如果能在一个小雨的午后，踩过老街的石板，走过深深的巷子，回到阁楼里，临窗而坐，煮一杯茶，伴着刚出锅的虾酥，听一听雨声潺潺，读几句书中经典，岂不满足了我内心向往已久的文人情怀？

> **马弟包点**
> 地址　鼓楼区左海北大路214号
> 电话　13860607686

红糖粿

年年高，岁岁红

　　福州最不缺的就是小吃，如果将福州的美食都整理出来，只一本书是完全不够写的，一本书顶多能收集一些具有代表性的特色美食。在福州，除了前面说过的小吃，还有一个不得不说的小吃——红糖粿。红糖粿其实就是年糕。在福州，年糕分四种——白糖粿、红糖粿、菜头粿（萝卜糕）和肉丸。

　　在福州，红糖粿平时是很少见的，因为它一般只有过年的时候才会被摆上餐桌。很多时候，红糖粿也被视为祭祀祖先及供奉神明的贡品。

　　在福州当地，每年腊月二十七八就已经有人家开始量米磨浆做红糖粿了。朋友跟我讲，制作红糖粿的工序是非常简单的，只需要先把大块的红糖下进锅里，加水后开大火将其熬成红糖浆，然后将糯米粉均匀而又缓慢地倒入糖浆里，再将搅好的红糖糊倒进用粿叶铺好的抽屉里上锅蒸熟就可以了。听完朋友的介绍，我便忍不住跃跃欲试了。朋友看着我这迫不及待的样子，只得帮我准备了材料，让我小试牛刀。

　　折腾了一下午之后，我一边揉着隐隐发酸的胳膊和肩膀，一边无奈地叹息。原来这炊红糖粿可不是件容易的事情,可以说它就是体力活和技术活的结合体:磨米浆、搅拌米糊都是体力活;而根据糯米的品相确定糯米和粳米的搭配比例、铺粿叶、加红糖、上蒸笼后加插小竹管帮助透气则算是技术活。朋友见我这副狼狈样居然笑得前俯后仰:"既然到了福州,你为什么还要自己折腾这些?"她觉得,我对什么吃食感兴趣,只要查好攻略,然后去吃不就好了吗?对我来说,朋友的提议虽然好,却不是我想要的——凭着我对美食的钟爱,不自己下手折腾一番又怎能满意?再者,有这么一位地道的"老福州"在一旁做指导,我又怎忍心浪费这么好的机会?

品尝了自己亲手做的红糖粿之后,我便被朋友带去了左海北大路上的马弟包点,这家店铺的福州甜点正宗地道,在当地很受欢迎。朋友告诉我,在本地,上供桌的红糖粿是需要用油煎的,而煎红糖粿也是一个讲究技术的活儿,因为一个不小心就可能造成红糖粿黏成一团的惨状。为了防止粘锅,也是因为讲究,有些人习惯给红糖粿蘸上蛋清再下锅,这样不仅可以防止粘锅,还能提味,让红糖粿变得酥脆。还有一种吃法是这样的:先将做好的红糖粿切成块状,下锅煎炸之后再淋上糖油及梅舌等东西佐味。此外,在老一辈的福州人中还流传着这样一种吃法:红糖粿汤,即先在锅中烧开水,然后将切成条状的红糖粿下进锅里,煮软后带汤装入碗中就可以享用了。这种吃法的好处是可以防止上火。不仅如此,煮饭时还可以将红糖粿切成片放在饭上,等饭熟后可以直接就着饭吃。当然,也有人喜欢干吃红糖粿,将硬硬的红糖粿切下一块,嚼在嘴里又是另一种滋味。

在20世纪50年代,做红糖粿的程序还是很简单的,那时候家家户户都烧木柴,只要备足干柴,保证灶膛里火烧得旺就可以了。等到了60年代,随着煤球和蜂窝煤的出现,炊红糖粿的工序中又增加了中间换煤这一项,因为一次加满的煤球或者蜂窝煤的火力是不够炊熟一笼红糖粿的。那时是没有冰箱的,如果过年刚好赶上了温度偏高的时候,需要隔三岔五地将做好的红糖粿回锅重新蒸一次,

以防霉变或者开裂。

如今,福州人吃的红糖粿只有一只碗那么大的一块,这种袖珍型的红糖粿与几十年前直径二尺(约67厘米)的糖粿不能同日而语。以前家家炊红糖粿的年味随着时间流逝、社会的进步逐渐淡化了,但是红糖粿蕴含的年年高、岁岁红的文化讯息依旧存在。

如果你想追寻些许老福州的味道,不如去它的街头走一走,尤其是那家名叫"马弟包点"的店。简约的装修风格,热情好客的老板、店员,再配上一道道正宗的福州小点,我相信,你一定会嗅到自己想要的那番味道。

李记黄米糕

地址　鼓楼区三坊七巷驿里巷小熊宠物店旁

电话　13459143896

鼓楼区 一口酸甜一口鲜

黄米糕

老福州人的心头好

在福州,说起爽口美食,说起特色小吃,糕饼类的点心自然是少不了的,而其中又首推黄米糕。作为老福州的特色小吃之一,清香幼嫩、可口美味的黄米糕以其特有的口感征服了许多人的味蕾,更是被福州人称为"三绝"——绝不上火、绝对新鲜、绝对绿色。

黄米糕俗称"蜜饵",有"黄""软""筋""香"四大特点,因可爱的黄色表皮和独特的口感而备受人们喜欢,吃起来格外松软可口,弹性十足。

黄米糕的制作工序很科学,所以它蕴含的极其丰富的营养元素不会遭到破坏。现在市面上常见的糕点,很多都是在加了食用油之后通过高温烘烤做出来的,这类糕点不仅吃后容易上火,而且较高的油脂含量对人体健康也有一些不好的影响。如此对比,黄米糕绝对是一款纯正、健康、绿色的食品。对于福州人来说,无论是作为早餐还是点心,它都是完美且又老少皆宜的选择,是福州人民心中当之无愧的心头好。

那么，黄米糕是怎样做成的呢？福州的黄米糕用料只需鸡蛋、面粉、白砂糖、小米粉四种，除此之外，它不需要添加任何发泡剂、色素及防腐剂。很难想象，这么好吃的美味，用料居然如此简单，制作工序更是一点儿也不复杂。

在朋友的指导下，我算是摸清了做黄米糕的每一道工序：首先将鸡蛋打在碗中并加糖，一边加水一边打发，等打发成糊状之后再慢慢筛入低筋粉（面粉或者小米粉），然后继续打发，直到糊状物差不多凝结在一起的时候，把它留在碗里静置少顷，放入微波炉，6分钟后美味的黄米糕就做成了。

"这是'简单款'，也是黄米糕的'现代款'。"朋友看了看我做出的成果，满意地点了点头，然后说道，"如果你想做出原汁原味的老福州味道，可以用传统的水蒸法代替微波炉加热那道程序，这种做法虽然老旧，却能让你品尝到正宗的老福州味道。"我一边听着一边记在了心里，等我的寻味之旅结束，我会将喜欢的美食一道道慢慢琢磨，现在在朋友家里，过一把手瘾就可以了。

传统意义上的黄米糕是蒸出来的糕点，口感非常细腻，更为神奇的是多吃也不会腻，更不会让人上火。黄米糕的制作历史最早可以追溯到清朝光绪年间的家庭作坊，当时设备简单，黄米糕都是放在锅里用蒸笼蒸的。受传统设备的限制，黄米糕无法大量生产，故而其产量是极低的，差一点就失传了。

现在，我们还能够吃到

正宗的黄米糕,这简直是幸运之极。如果你在福州,可以去李记黄米糕尝尝地地道道的福州味儿。他家的黄米糕甜而不腻,一口咬下去,那种细腻的口感会顺着你的舌尖蔓延,让你不知不觉且又心甘情愿地迷醉在这番滋味里。

靠在窗边的摇椅上,吃着黄米糕,品着香茗,听着一支老曲,窗外微风飒飒,或飘着点点清雨,偶尔一声鸟叫,叽叽或喳喳,随意翻一翻手中的书卷,空气里,心头上,弥漫的都是让人沉醉的味道。

福州大饭店

地址　鼓楼区斗东路1号
　　　（近八一七中路口）
电话　0591-83333333-8301

菜头饼
热热闹闹的喜宴糕点

自古以来就流传着这样的一句话——"靠山吃山，靠水吃水"，也正是因为这个道理，在我国960万平方千米的土地上，每一方土地上都有它极具代表性的特色美食。如果你将这些特色美食再进一步细分，它们又会归到某一个特定的场合里。比如福州喜宴上就有一道极具特色又含义丰富的糕点——菜头饼。福州大饭店的菜头饼更是因为登上"福州十大名小吃榜"而闻名遐迩，不仅让地地道道的福州人难以忘却，也使寻味而来的外地客人牵肠挂肚。

菜头饼就是用菜头做的饼，而所谓菜头就是萝卜。作为福州有名的传统糕点、喜庆宴席的常备品，福州的菜头饼一般选用当地出产的白萝卜，加上猪油、熟花生仁、白膘肉等作为馅料，再将精面粉制成的酥皮压扁包馅，制作成饼坯放在油锅中炸制。刚做出来的菜头饼皮酥馅香，清甜爽口，一口下去，满嘴都是猪油和萝卜的香味，令人回味无穷。

听完介绍，朋友看我眼中闪着亮光，便拉着我去了福州大饭店。她有一位发小儿是这里的大厨，为了满足我高涨的学习欲，他专门在库房边的员工厨房里向我演示了菜头饼的具体做法。

热情的大厨告诉我:"想要做出美味的菜头饼,先要做出水油皮及酥心面团,接下来把水油面团切成块、搓成条,最后分成小块。每一块都要包酥,然后擀薄,卷成圆柱形,再次擀薄,卷成5~6圈的螺纹状饼片,用刀平均切成两段待用。"他一边说着一边给我演示,同时还不忘纠正我"照猫画虎"时的蹩脚之处。

做完这些之后,他又向我演示了极其重要的做馅环节:首先把白萝卜洗净后去皮切成丝,加少量的白砂糖拌匀,并挤去萝卜的部分水分。然后将白膘肉去掉筋膜切成细丁,把炒熟的花生仁研碎加热,与面粉、糕粉拌匀后加入白膘肉丁、猪油搅拌,绵润美味的馅料就做成了。

做好馅料之后就是包馅成形环节了。我跟着大厨的演示和指导,先将酥皮压扁包馅,然后取少许萝卜丝放在馅料中间,将口包严,压扁成饼坯状。一开始我还手忙脚乱,在做了两三个之后便能跟着大厨熟练地操作了,大厨见了便用一种"孺子可教"的口气夸赞了我一番,我瞬间就飘飘然了。

做完这些,大厨一边跟我强调菜头饼的制作要领,一边将我们包好的饼坯下入油锅,先用文火炸至饼坯浮起,翻动一下,如此反复,等到饼坯炸透炸熟后捞起沥干油就可以了。

来到福州这么久,一直是在朋友这个"半师"的指导下折腾,这次居

然有幸跟大师学了一手,我的喜悦之情早已溢于言表了。等到菜头饼出锅之后,我一边跟他们聊着家常,一边表达着对大师的感激之情,最后成功地惹来了朋友的一个白眼,用她的话说,我就是个"见吃眼开"的家伙。

闽系的菜品向来是以精巧别致闻名的,菜头饼亦是如此。此文写下来,我咽了不知多少口水,好想就这样端起一盘闽味儿十足的菜头饼大快朵颐一番,又想拿起其中一块,伴着老城的味道细细品上几口……我想,这大概就是美食的魅力吧。

如果到了福州,请一定记得去尝尝福州大饭店的菜头饼,尝尝福州味儿,同时也沾沾它的热闹与喜气。福州大饭店的菜头饼肯定不会辜负你的满心期望。

> **永和鱼丸**
> 地址　鼓楼区南后街89号
> 电话　0591-87502905

鼓楼区　一口酸甜一口鲜

福州鱼丸
清新天然的海鲜风味小吃

说到福州，就不得不提一道极具特色的风味小吃，那就是福州鱼丸。福州鱼丸，顾名思义，就是用鱼肉做外皮制成的带馅丸子，它具有营养、天然、保健的特点。正宗的福州鱼丸选料精细，制作考究，皮薄均匀，味道鲜美，滑润清脆，并且能够久煮而不变质，煮熟之后色泽洁白，形状玲珑晶亮又富有弹性。因其属于海鲜风味的食物，含有丰富的钙、磷、蛋白质、碘、铁和多种维生素，无论是做汤还是热炒，均有很高的营养价值。

福州鱼丸由来已久。相传古时候，在闽江之畔住着一位渔民。有一天，一位商人搭渔民的船下海南行，打算去经商。谁料船刚驶进大海，就遇到了狂风。慌忙之中，渔民操纵着船想要进入港湾躲避台风，船却非常不幸地撞上了礁石。无法继续前行的渔民和商人只得艰难地停了船进行修整。由于各种原因，他们在那个地方耽搁了很久，带来的粮食很快就吃完了，他们只得日日以鱼当饭。时间久了，商人苦笑着说："我们每天都吃鱼，再怎么喜欢，吃得久了也会觉得腻，如果能吃点别的东西换换口味就好了。"渔民说:"我们船上的粮早就断了,只剩下一包薯粉,之前不知道到底怎么吃才不算浪费,现在看来该想个主意给我们改善改善伙食了。"渔民灵机一动,心里便有了主意。他把刚钓到的一条大鳗鱼去皮除刺之后剁碎,拌上薯粉,然后捏成丸子,煮熟之后一尝居然别有风味。已经吃腻了鱼肉的两人总算换了口味,改善了伙食。

后来,渔民和商人脱了险,商人回到福州后想起在船上吃到的鱼丸,心思一动便在城里开了一家"七星小食店",专门找了那位渔民当厨师,独家经营"鱼丸汤"。起初,因为人们都没吃过这样的东西,所以店里的生意并不兴隆。一天,恰好一位举子上京应考路过就餐,商人拿出鱼丸热情招待,举子吃后,觉得味道很是鲜美,便赠了商人一首小诗:"点点星斗布空稀,玉露甘香游客迷。南疆虽有千秋饮,难得七星沁诗脾。"商人把这首诗挂在了店堂上,居然引得各方宾客齐来品尝。从此以后,这家小店的生意日渐兴隆,大名鼎鼎的"七星鱼丸"也就此得名。

现在,在福州要想吃到地道正宗的鱼丸,需要去一趟位于南后街89号的永和鱼丸,这是一家老店。热情好客的店家介绍,鱼丸做起来并不十分复杂,只需要将鱼肉顺着纹路切成块,加入盐、淀粉、生姜末儿和鸡精后捣成鱼泥,将鱼泥包在摊好的鱼饼里,先用温水大火煮一次,水开后加一次热水,再次滚开时加入葱末儿就可以了。

听完介绍,我有点疑惑地问道:"就这么简单?怎么听起来跟做肉丸没什么差别?"店家听后乐呵呵地坐下来跟我解释。他用筷子指了指碗里的鱼丸,示意我咬一口,然后才告诉我:鱼丸的制作原理的确和肉丸类似,但是因为鱼肉中的角蛋白含量少,肌球蛋白含量高,所以在进行剁和搅的过程中,鱼肉的肌肉组织更容易遭到破坏,游离出来的蛋白质分子也就比肉糜多。这也正是鱼糜吃水量比肉糜多而蛋白质凝胶硬度和韧性比肉糜小的原因。为了避免鱼丸碎裂,一定要记住在煮的时候不能用开水,否则鱼丸便会失去色白、鲜嫩且富有弹性的特点。

福州鱼丸美味而且做法简单，如果条件允许，也可以选好材料在家自己动手做，这也不失为一种乐趣。

后街捞化（衣锦坊店）

地址　鼓楼区三坊七巷衣锦坊雅道巷95号
电话　13515000035

捞化
老少咸宜的大众美味

福州简直就是美食天堂。福州本地的特色美食、小吃种类繁多，比较出名的就有数十种，而捞化便是其中享誉中外的一种小吃。

捞化，其实更准确地说，应该叫作捞米粉，因为它是由很细很细的米粉一捞而成的，且这里用到的米粉一般都是产自莆田的"兴化米粉"，故而它又被称作"捞兴化"，后来为求顺口，简称为"捞化"。

地道的福州捞化吃起来荤香诱人，尤其是在寒风凛冽的冬日，来一碗捞化，不但能去去寒气，还能舒筋活血。对于福州人而言，在冬季能够捧着一碗捞化大快朵颐一番，简直就是人生一大乐事。

在朋友的指导和帮助下，折腾一番之后我发现：与其他小吃相比，捞化的做法是非常简单的。

在制作捞化之前将香葱和芹菜都切碎备好，接下来需要做的就是把作料放进碗里，加入沸水，然后另用一只锅子把事先准备好的米粉放在水里焯熟，将米粉捞出来，放入之前就已经调好的汤里搅拌一下，接着利用焯米粉的水来涮羊肉，最后将羊肉放在米粉上，撒上香葱和芹菜末儿，滴上几滴香油，美味的捞化就做成了。如果想要捞化的味道更加鲜美，也可以先用高汤淋捞化，然后加上猪血、大肠、牛肚、百叶等来调味。

仔细研究了一番捞化的具体做法之后，不难发现其中既蕴含着简而美的哲学真谛，又体现了"海纳百川，有容乃大"的博大胸襟。

做好的捞化，味道鲜而不腥，所用的配料不管是高汤还是皮馅儿，都含有丰富的营养价值，可以说是一道具有特色又老少咸宜的美食。

在福州市鼓楼区衣锦坊雅道巷有一家非常有名的百年捞化店，叫后街捞化，每天慕名而来的客人络绎不绝，赶上饭点，小店里还会排起大长队，可见人们对他家捞化的喜爱。

如果说每一种具有特色风味的小吃都是老福州的一个音符，那么福州城鳞次栉比的店铺里的小吃连接起来就是一段美妙的小曲，而捞化自然是其中必不可少的一个音符。

我相信，每一个吃过捞化的人都会被它的美味所折服。如果有机会，我想在福州走街串巷，感受老城浓厚的历史气息，走累的时候就随意寻一家小店，点上一份捞化，配上两三块糕点，一边品尝一边回味，享受其中。

珍宝海鲜

地址　鼓楼区八一七北路
　　　东百商业中心
　　　C-1馆3层
电话　020-85582920

荷包鱼翅
清醇荤香的闽菜杰作

　　福州有一道极具特色的传统名菜,它就是因为造型与荷包相似而得名的荷包鱼翅。这道菜味道鲜美,质地软滑,色泽透明,造型美观雅致,吃到嘴里有香醇、荤润的感觉,令人齿颊留香,难以忘怀。

　　在福州,说起荷包鱼翅,就不得不提已故的第二代闽菜大师强祖淦,荷包鱼翅可以说是他的杰作,也是让他在1983年被评为"全国最佳厨师"的代表菜品之一。强祖淦是一位泡发干货的专家,说他煨制的鱼翅首屈一指是一点儿也不夸张的。

　　强祖淦的弟子众多,以至现在在福州大点的海鲜饭店,基本上都可以吃到地道的荷包鱼翅。我们来到的这家,是位于鼓楼区八一七北路上的珍宝海鲜店。至今回想起这道美食,依然能让我产生眼前一亮的感觉。有人曾说,没有吃过正宗的荷包鱼翅,就等于白来了一趟福州。

　　做荷包鱼翅,首先要做好准备工作。在这一环节中,首先需要取适量的青葱和姜，并且将它们在温水锅中煮沸。接下来，为了去除鱼翅的腥味，可以采取这样的做法：把鱼翅排在竹箅子上，下锅煮15分钟起出，然后倒出汤水及葱、姜，将这一步骤重复4次之后，鱼翅的腥味基本上就被去掉了。再往下就是荷包鱼翅的制作环节了。在这一环节，首先要将洗干净的鸡肉、五花肉、猪里脊均匀地切块，并将火腿肉切成片状。接下来把鱼翅连同竹箅子一起放到大铝锅里面，将猪里脊、猪蹄尖、五花肉和鸡肉依次放入铝锅，加入1500毫升左右的清水，用微火煨4个小时取出，把各种配料尽数拣去，将鱼翅以荷包状倒扣在盘子里。紧接着，需要做的就是把洗干净的新鲜海虾去壳取肉，剔除虾线，放在煮沸的上汤中煮熟然后取出。把事先准备好的香菇放在小碗中，加熟鸡油，蒸10分钟后取出，沥干汁之后将它和之前做好的香菇一起装点在鱼翅上。最后，旺火烧锅，在面粉煸成乳白色的时候将白汤倒进去煮沸，把味精、酱油等调料浇在鱼翅上，美味的荷包鱼翅就算是做成了。

  这就是大名鼎鼎的荷包鱼翅的具体做法，如果你心动了，不如备齐材料自己尝试一下。要是你来到了福州，那请记得一定要尝一尝正宗地道的荷包鱼翅！

泡芙时代糕点店

地址　福州鼓楼区鼓东街道
电话　15340120954

贡糖
进贡帝王之精品

贡糖，顾名思义就是以前用来进贡帝王的糖果。既然是贡品，那么它的味道和形状自然与其他点心有区别。这种贡糖起源于"进贡"的说法，虽然如今已经无从考证了，但是由于贡糖本身历史悠久的传统制作手艺和高品质，它依然担当得起一个"贡"字。

贡糖其实是花生糖和麦芽糖的组合，一般都是经过高温烘焙之后，将花生在气味最浓郁的状态下和纯正的麦芽糖混合在一起，然后经过人工捣碎、夹缠，最后切块成形。

关于贡糖，有一个有趣的故事。据说明朝时期的福州一带并不十分富庶，粮食作物非常少，老百姓为了缴纳国税，就把花生加进麦芽糖里，通过手工敲捶做成这种香酥可口的点心，取名"花生酥"并献给朝廷，没想到它却歪打正着地成了皇室成员最喜欢的御用珍品点心，皇帝见状龙心大悦，御笔一挥，将花生酥赐名为"贡糖"。

还有一个故事，众所周知，清朝的乾隆皇帝十分喜欢微服私访、游山玩水。据传有一天,他乔装打扮之后来到福建省龙海市白水镇的玳瑁山金仙岩游玩,累了休息的时候,附近寺里的僧人端出山里采制的乌龙茶和当地有名的点心招待乾隆皇帝,乾隆皇帝吃了之后觉得味道不错,于是龙心大悦,御笔一挥,将茶赐名为"佛手茶",将点心赐名为"白水贡糖",并钦点为贡品。从此以后,"白水贡糖"声名大振,它的制作手艺也世代流传了下来。

在福州地区,贡糖主要分为两种:一种很坚硬,制作方法相对简单。把炒熟的花生仁去膜之后和熬稀的麦芽糖混合在一起搅拌均匀,并在它即将凝固前倒在撒了面粉的案板上,用圆木棍捶打碾平后用刀切成规则的正方形就可以了。另一种做起来则麻烦一些。首先,要先用石磨将去膜后的熟花生仁磨碎,然后将一部分磨好的粉末混合少量麦芽糖擀成两三毫米厚的长条,另一部分粉末混合更少量的麦芽糖和白糖,倒在中间做馅,裹好后用木槌击打压实成长条并切成三四厘米的小段就好了。

福州贡糖历史悠久,每当挑灯夜读的时候,我就非常想拿起一块贡糖,翻几页书之后用它来提提神、换换嘴里的味道。我想,那一刻,数百年的历史在书页间酝酿,而贡糖的甜香在唇齿间酝酿,这种感觉定然是很美妙的。

宫廷月亮虾饼（达明店）

地址　鼓楼区鼓西街道达明路15号
电话　17750225806

虾干饼
甘甜酥脆香飘远

　　福州有许多美味的小吃、糕点，这一点大家是有目共睹的。不论是寓意平安吉祥的扁燕肉、老少咸宜的虾酥和捞化、清新天然的福州鱼丸，还是代表了年年高、岁岁红的红糖粿，每一样都是由来已久，并且深受当地民众及外来游客喜欢的佳品。此外，还有一种非常独特的福州传统小吃，它就是虾干饼——一种里面并没有虾的饼子。许多美食是用其中的某种食材命名的，比如虾酥、鱼丸、菜头饼等，可这虾干饼却很特别，它的制作材料里没有虾。它其实是一种夹馅儿的光饼，主要有三种口味：粉蒸肉虾干饼、苔菜虾干饼、海苔虾干饼。顾名思义，粉蒸肉、苔菜、海苔就是制作饼馅儿的主要原料。虾干饼的制作工序也非常简单，只需要揉好面团，加好调料，配好馅儿，然后将馅儿包进揉好的饼子里，在油锅里熘上一圈，再在炉灶里烤熟就好了。

　　刚出锅的虾干饼口味香酥脆软，只闻一下便叫人忍不住要流口水。平时福州人都喜欢拿它当早点。早上匆匆走在上班的路上，顺手在路边小摊上或者小店里买上两块饼，边走边吃，既节约了时间，也慰藉了五脏庙，吃完之后胃里又暖和又舒服，身上也变得有劲儿了。

　　吃虾干饼的好去处，自然不是那种气派的大店，而是小的摊点，或者格调高雅的小店，比如达明路上的宫廷月亮虾饼店。他家的虾干饼在整个福州是排得上名号的，做好的饼子往往会在很短的时间内被"洗劫"一空。有许多人不辞辛劳地从别的地方赶过来，只为了吃一口正宗的虾干饼。由此可见他家的虾干饼名声之大，味道之好。

　　上面说的都是老福州最正宗的虾干饼。现在，随着人们生活水平的日益提高和物质资源的逐渐丰富，人们在吃上的讲究越来越多了，老福州的虾干饼也与时俱进，变得不一样了。

　　不说别的，单制作方法上，如今的虾干饼和以前的虾干饼就有着本质的区别。以前做虾干饼用的都是炉灶，而现在做虾干饼多用煤气灶、电炉子、烤箱等一个比一个"时髦"的厨具。此外还有配馅和配料上的不同，现在的虾干饼配料越来越多样。

　　如果想追寻老福州的味道，不如去它的角落走走、踩踩，闻着老城的气息，思索往事，回顾历史，在山水风光里沉醉，在美食小吃中沦陷。

　　虽然闽菜中不乏那些大气经典的菜品，但我更喜欢虾干饼这样的小点心。捧一盘子点心，坐在向阳的阳台上，逗逗猫，养养花，靠着摇椅翻翻书，晒晒太阳，这种感觉光是想想就让人觉得惬意。

醉仙楼

地址　鼓楼区乌山路37号
电话　0591-87117790

炒肉糕
巧媳妇的拿手菜

炒肉糕是一道传统的福州名小吃,一种甜品小食。在过去零食很少的条件下,家家户户都用地瓜粉做成炒肉糕给孩子们吃。炒肉糕的外形酷似肥肉,但其实并不是肉,看起来油腻腻的,吃起来却清爽可口,是福州人夏天用来消暑的绝佳美食。

炒肉糕的食材很简单,只需要家常的地瓜粉、清水、白糖和红糖即可。不过,为什么材料中没有肉,却叫炒肉糕呢?有两个原因:一是因为糕点的外形像肥肉;二是因为在炒制的过程中,用的是猪油,而在物资匮乏的年代,猪油对福州人来说等同于肉,所以炒肉糕当时是一种很"金贵"的甜点。

在福州,炒肉糕也被称作"巧媳妇的拿手菜"。据说在20世纪,福州人在选儿媳的时候,其中很重要的一点就是看姑娘能不能把炒肉糕做得香甜爽口。如果把这道菜做合格了,就算是合格的媳妇。为什么福州小吃那么多,只有这道菜成为媳妇入门的考验呢?首先,因为做炒肉糕要有耐心,在油锅里将糯糊搅拌成形是需要时间的,急躁一些,没有耐心,或者急于求成,都是做不成炒肉糕的。其次,炒肉糕也是对厨艺的一个考验,从用料到火候都有严格的要求,媳妇进门之后是不是巧妇,从这一道菜就可以看出来。最后,公婆看媳妇时不仅看外表,也看内在。炒肉糕是福州的传统小吃,是一种对闽文化的传承,如果媳妇不会做这道菜,说明她没有融入闽文化,自然是不能娶进家门的。因此,炒肉糕是对一个闽地媳妇的内在要求。

做好这道炒肉糕并不简单。先将坚果在锅里炒至金黄色,盛出备用;准备上等的地瓜粉,用清水、白糖和红糖调成糯糊,然后锅里倒入猪油,放入地瓜粉糊,小火慢慢加热,同时以顺时针的方向进行搅拌,一直到糯糊成形才可以起锅出盘;最后撒上炒好的坚果、葱花,就可以食用了。

由于地瓜粉具有降火的功效,所以在炎热的夏日里,福州街头随处可见卖炒肉糕的小推车。初到福州,当地的朋友要带我去醉仙楼吃炒肉糕。起初听到炒肉糕的名字,我以为就是把猪肉切成块,再揉碎翻炒,想想就觉得腻,结果出现在我眼前的是一盘形似肥肉、色泽透亮的膏状食物。朋友叫我

尝一下，还说保证我吃完就会爱上它。

我半信半疑地用勺子挖了一点，放入口中品尝了一下，没想到炒肉糕竟然香醇美味，富有弹性，还有点黏糯的感觉。再细细地品味，有种果冻的滋味，和我想象出来的完全不一样。由于是夏日，清凉的炒肉糕带给我一种爽口清透的快感。

朋友说，炒肉糕就像福州独有的一种药，专门治嘴馋病，小时候吃过以后，就再也忘不掉了。不论在哪里，不论什么时候，只要嘴巴寂寞了，就想吃一碗炒肉糕。我听着朋友的介绍，不经意间便吃完了一盘甜甜的炒肉糕。这种感觉，如同甜甜的初恋，我想，我也迷上了炒肉糕。直到现在，每到夏天，我都遐想着，要是来一碗炒肉糕消消夏，那该多好啊。

> **别有天吴家私房菜**
>
> 地址　鼓楼区五四路国际大厦3楼
> 电话　0591-87812494

鼓楼区 一口酸甜一口鲜

醉糟鸡

醇香浓郁，食之不腻

　　来福州旅行之前，我已经查过一些资料，知道闽菜历史悠久，起源可追溯到4000多年前，烹饪手法也极为精致。到了福州之后，发现所言不虚。这里依山傍海，终年气候温和，四季如春，地理条件优越，山珍海味应有尽有，烹饪资源得天独厚。看着林木参天，翠竹遍野，溪流纵横交错，海岸辽阔，心情十分愉悦。这趟来福州，是要大饱口福了。

　　醉糟鸡作为福州地区传统名菜之一，历史悠久，早在宋代时就享有盛名。以前的老福州人用自家酿酒的红糟来做这道美食，烹制出的菜肴香气扑鼻。后来，醉糟鸡传到马祖，很快成为马祖地区的家常菜，又经过几番周折传到台湾，落地生根后易名为"红糟鸡"。如今在台湾，烹饪红糟鸡的原料皆为腌渍鸡，跟福州人的做法稍有不同。

　　关于红糟，据说其历史也有1000多年，宋代的苏轼就吃过类似于红糟鸡的菜肴，唯一的不同，大概就是把鸡换成了鸭子："红糟酸入鸭，同与酒则甜。"明代《本草纲目》中记载红糟具有活血的功效，元朝《钦膳正要》则认为，红糟可以健脾、益气，是性温的保健良品，甚至在今天的台湾民间还流传着红糟可以用来改善小孩和老人轻微气喘的说法。

为了追寻醉糟鸡的美味和香气,我来到了五四路上的别有天吴家私房菜。进去之后便闻到一股淡淡的红糟气味,含着醉人的酒香,有一种甜蜜温暖的感觉。我找了一张桌子坐下,旁桌顾客都在吃醉糟鸡,红通通的醉糟鸡一看就让人有食欲。

等菜的时候,看见外厨的门口摆着几口小缸,一位黑瘦的老师傅正在调制红糟,出于好奇,我过去跟他攀谈。据老师傅说,红糟功效奇巧,具有防腐去腥、增加香味和鲜味及调色的作用;烹调方法更是花样繁多,有拉糟、煎糟、红糟、醉糟、爆糟等十几种。福州菜里用红糟较多,尤以传统名菜"醉糟鸡"最负盛名。我笑着问老师傅:"醉糟鸡就是用红糟炖母鸡吧?"他摇摇头,说道:"不一样的,不像你说的那么简单。"

据老师傅介绍,这道菜的主料是散养母鸡,将蒸熟的全鸡滤干汤汁后,均匀地抹上盐、米酒、红糟等,冷藏三天,制成生醉糟鸡,食用前再蒸热才算完成。这时旁边一位食客转头说:"上品的醉糟鸡用的是生糟加茅台酒,外色红润艳丽,内里白润,酒味、鸡肉味、调料味、醇香融于一体。"他说得这么详细,让我对醉糟鸡的工艺和味道更加神往。

菜品端上来,热腾腾的一大盘,色泽淡红,鸡骨酥脆,鸡肉松嫩,醇香

四溢。仔细品了一口鸡肉的醇香加上红糟的醉人甜味，只觉回味无穷，食之不腻。怪不得福州人都说，醉糟鸡是节日招待宾客的必选美食，也是年夜饭上的必备食物。它不仅美味鲜香，而且红色的酒糟象征着红红火火。我品尝的这道色、香、味俱全的醉糟鸡，确实是一道不可多得的佳肴。

  吃完了醉糟鸡，老师傅见我心满意足，又告诉我，如今的现代人已不再像传统的老福州人那样自制红糟，他们大多在超市里面随意买一罐红糟就回家烹饪红糟鸡，古老的风味已经逝去。听着他有些失落的话语，我也感慨颇深。我们总是怀念从前，多半是怀念以往那种缓慢的生活步调，怀念认真操持的古老味道。这家饭馆的老师傅亲手制成的红糟饱含着老福州人对古老美味的传承，单他这一份执着，就让人心生敬意。

安泰楼酒家（吉庇路店）

地址　鼓楼区吉庇路39号
　　　安泰黄金广场

电话　0591-87550890

寻味福州

淡糟香螺片

皑皑白雪一点红

人们追求美食，不单单是为其诱人的风味所折服，更重要的是传承经典食物中的精神。我喜欢闽菜，不仅因为它的味道，还因为那传统而经典的刀法工艺。每品尝一道菜肴，都能遐想出一套如行云流水的刀法，仿佛大师傅的刀刃就在眼前划过。用力均匀，下刀精准，才成就了中式菜肴中的种种神韵。

淡糟香螺片不仅是福州独具特色的地方名菜，也是闽菜中最为著名的刀工菜之一。都说经典源于对精神的传承，风味来自灵魂深处最思念的故乡。福建是华侨之乡，正是经典的刀法，让外国友人见证了中国美食的超凡技艺。无论福建人走到哪里，只要遇到这样的风味、这样的刀功，他们便能看见故土的乡亲。

刀工是淡糟香螺片的神韵所在。一刀一膳食，刀法造就了变化莫测的菜肴造型。我国早期的菜肴用刀切得细致而均匀，为的是减少原材料的烹饪时间，保留原本和自然的美味，同时有利于食客们消化吸收。后来，中式菜肴的刀功成为一种艺术、一种传统文化，给人以美的享受。闽菜对刀工的要求尤为严谨、细腻，用刀工处理海鲜时，更是要求精确到分毫。

就像我眼前摆放的这盘小小的香螺片，它是对刀工的严苛考验，要将小红枣般大小的香螺肉，用滚刀法切成薄薄、匀称的片状。这份装盘精美的菜肴，丝细如发，片薄如纸，晶莹透亮的香螺片上装点着殷红的糟汁，白螺与红糟完美地融合在一起，犹如皑皑白雪一点红，似花舒展，令人叹为观止。

这次来安泰楼，是因为福州的朋友听说我想品尝淡糟香螺片的美味，于是带我来这家号称"闽菜大观园"的饭店。据朋友说，这里的福州菜正宗、齐全，特别之处在于不设菜单，所有的美食都陈列在窗口，供客人随意选择。我走入饭店，看见从入口延伸到餐厅末尾的长桌上排满了菜肴，丰盛得犹如皇宫宴会，令人眼花缭乱，难以选择。我在前台拿了一张单子，然后像个老学究似的，双眼盯着长桌，从摆放的美食中挑选。

淡糟香螺片是绝对不能错过的，除此之外，我又点了四五道风味各异的小菜。这时朋友告诉我，这家店的厨房有时候对外开放，跟老板打声招呼，说不定可以去观赏厨师的刀法。我早就想一睹淡糟香螺片的神奇刀工，听他这样一说，更是按捺不住心中的好奇。于是跟老板说了一声，起身就去了厨房，正好看到一位姓黄的师傅正在处理香螺片。黄师傅告诉我，店里的野生香螺品质高，身青壳薄，肉厚膏黄，是难得的美味。而香螺的肉质本就不像其他肉类那样好处理，它细小而易坏，只有有一定经验的老师傅才可以处理好。虽然市面上已经有加工好的香螺片，但是机器加工的肯定不如师傅亲手做出来的美味。每一道刀工都是有讲究的，否则就会破坏香螺片的鲜味和美感。

做好后，红糟渗入香螺片中，原本雪白的香螺片在阳光的照耀下显得红莹透亮，光泽感强，独特的香味令人无法抗拒。带着仰慕和敬意，我品尝了一口端上来的香螺片，一瞬间就

记住了这香甜的气味。这道经典美食萦绕的香气让人仿佛穿越千年的回廊回到坊间的小巷,并沉迷其中。

朋友见我喜欢香螺,就笑着说,这道菜应季食用是最鲜美的。当地人对香螺都有一种"屈指盼夏来,弹指恐夏去"的情怀,因为这种美味只有在夏季才能达到极致。我夏季来福州游玩,能享受到这道独一无二的美食,正所谓"好时光不辜负美味情"。

小小的香螺片,每一道刀工都满含深情,那带着雨露滋养的柔嫩混合着红糟的香气,佐以五味,放在餐桌,绽放在舌尖,深深地留在了我这个匆匆旅者的心里。品尝美食,不仅在于品尝那一刻得到的享受,有时候,这份滋味足以抚慰平生。

> **安泰社区食堂**
> 地址　鼓楼区织缎巷万嘉超市对面
> 电话　0591-87563486

豆腐蛎
调节水土的接风菜

对于海滨城市，我记忆犹新的是多年前在海边礁石上，曾经采过带着咸腥味的海蛎。附着在礁石上的海蛎其貌不扬，状如顽石，但是其肉质细嫩，味道鲜美，营养丰富，煲汤后的汤汁如牛奶一般乳白，被誉为"海中牛奶"。

生长在海边的福州人，每家每户都会用海蛎做出各式菜肴，最养生、最清淡的要数豆腐蛎。这是一道十分有特色的福州风味小吃，味美的同时依旧保留着海蛎的新鲜度。为远道而来的亲朋好友接风设宴时，这是一道必不可少的佳肴。据说豆腐本身具有调节水土的作用，而海蛎中含有多种优良的氨基酸，可以去除人体内有害的物质，能减低胆固醇，这两种食材搭配到一起，便成了养生的佳品。

海蛎其实就是我们所说的牡蛎、生蚝，在福州地区人们一般都习惯称之为海蛎。老福州人认为海蛎的肉质像一个心的形状，觉得用"海洋之心"来形容它更贴切。因海蛎的生长特性，每到冬至前后，也正是闽地一年中最冷的时节,这时出产的海蛎最为鲜美,味道比平时更胜一筹。而冬至临近圣诞节、元旦和春节,于是,豆腐蛎成了海滨城市中必不可少的节日美食。

莫泊桑在《我的叔叔于勒》这篇小说中写道:"一个衣衫褴褛的老水手用小刀一下撬开牡蛎,递给两位先生,再由他们递给两位太太。她们用优雅的姿态吃起来,一面用一块精美的手帕托起了牡蛎,一面又向前伸着嘴巴,免得在裙袍上留下痕迹。随后她们用一个迅速的小动作喝了牡蛎的汁水,就把壳子扔到了海里……"很多人对牡蛎的印象是从这段描写开始的。我不是在海边长大的,因此品读小说时,十分神往牡蛎的味觉享受,这种"高贵典雅"的美食诱惑着我,一年又一年。

牡蛎作为一种食物,拥有许多具有传奇性的故事。在古希腊的黄金时代,人们十分崇尚武力,而牡蛎被他们视为强身健体的神物,是天赐的美食,也是象征热烈爱情的圣品。当代饮食文化界的名人费雪,曾撰写《写给牡蛎的情书》一书,用变化的语言汇集对牡蛎的情怀。在她的笔下,牡蛎有种种奇妙之处,色味俱佳,极度奢华;牡蛎中带有海水独有的矿物质香味和咸鲜味道,犹如一块软糯的奶油,抑或一汪矿质味充足的香甜泉水,吃起来韵味缠绵无尽;细腻的质感中,有呼之欲出的美食香气,令人垂涎三尺。

我几乎是流着口水读完这本书的,幻想中的美味牡蛎又增添了更多诱人的色彩。所以当我到织缎巷的安泰社区食堂点豆腐蛎时,竟有一种久已相识的亲切感。海蛎在汤中漂浮,肥嘟嘟的很可爱。豆腐蛎清淡新鲜,味道隽永缠绵。汤汁鲜美肥嫩,一大碗下去,吃得我小肚溜圆。

食堂的师傅告诉我,海蛎虽然好吃,但是这样新鲜的海蛎,挖取起来却十分费工夫。在海边的礁石上用简单工具撬挖野生海蛎,会遇到很多意想不到的危险,每年都会发生赶海的渔民不慎从礁石上滑落入海的事故,更有被海浪卷走的惨剧。所以,人们在海边购买渔民辛苦挖取的海蛎时,绝对不讨价还价,那是人们对讨海渔民劳动最深沉的敬意。

在厨房的一角,可以看到几位妇女围坐在一起,正剥取海蛎。从她们满是伤痕的手,就可以明白,剥取海蛎也不是一件简单的事情。寒冷的冬季,她们右手拿着挖海蛎的尖刀,左手五指轻轻地搭在未开壳的海蛎上,刀尖顺着壳尾缝隙一搭再一撬,就顺势伸进了微微张开的壳缝,手腕再轻松一旋转一抠弄,海蛎的肉就被完整地剔除出来。整个过程不过5秒,行云流水般的动作一气呵成,可谓出神入化。取出来的海蛎,完美得如一件艺术品。可是,仔仔细细看她们的手,即使用衣袖盖住,依旧掩盖不住上面的伤痕累累。

　　吃完一碗豆腐蛎,我对海蛎多年的梦想终于得到了实现。然而我心里清楚,美味的背后,总是有着常人所难以想象的艰辛付出。一碗豆腐蛎的鲜美,正是因为许多人的付出和奉献,才完美地呈现在食客面前。这一点在这道海蛎美食上体现得淋漓尽致。

庆城林华光饼

地址 鼓楼区庆城路38号
电话 18259048821

葱肉饼
最香浓的家常味儿

葱肉饼,顾名思义,就是一种在饼中加了肉丁的食物。乍听名字,普普通通,可是当我亲眼看到葱肉饼时,光是香气就让我食欲大振。

葱肉饼是一种寻常的食物,凝聚着福州小吃中最香浓的家常味道。这味小吃来历甚古。早在北宋时期,福州人为了让饼的味道更鲜美,就在面粉中加入猪肉、葱花和芝麻,制作成饼坯,放入烤炉中烤制,最后出炉的就是一个个香酥脆软的葱肉饼。

听当地人讲,以前最好吃的葱肉饼在建瓯房村。在这个不大的村落里,有二十几家做葱肉饼的店,虽然每一家店做出的葱肉饼闻起来都是香喷喷的,可唯独旺弟饼店门庭若市,大家都争着抢着去买这家新鲜出炉的葱肉饼,而且总是一箩筐一箩筐地买。为什么以同样的食材和做法烤制的葱肉饼,却只有他家的饼这么受欢迎?大家感到好奇,便问老板是否有什么秘制方子。老板总是笑嘻嘻地回答:"没什么不同的方子,只不过我们家用的炉子,是穹形的罢了。"原来,旺弟饼店是用穹形的炉子烤制包好的葱肉饼,这样做不仅能使葱肉饼受热均匀,而且能提供足够的空间让饼坯膨胀,还便于师傅控制火候,观察饼面是否变焦。众人恍然大悟,后来其他做葱肉饼的店家也纷纷效仿,改用弯形的炉子来烤制了。

到了福州,为了一尝葱肉饼的美味,我从多方打听到一家老式饼店"庆城林华光饼",它算是福州的老字号了。我在美食方面,总是有极强的洞察力,我发现一个巷口的店面前挤满了人,便断定这就是那家老字号了。果然,一走进店面,发现大家都在抢着买饼。我一下买了5个,本想留些做晚饭的,结果只是咬了口酥皮就停不下来了。对葱肉饼,我有三个感觉:个头儿适中,肉多,葱香。虽然葱肉饼的馅料用的是肥猪肉丁,但口感并不腻,放了很多葱却也感觉不到异味,烤制出来的外壳香、酥、脆、软兼具。饼的大小刚好是三口一个,没有葱油饼那么薄,又不似普通酥饼那么厚。

我一边咬着葱肉饼,一边听旁边的常客说,吃完葱肉饼再喝两杯大红袍茶,浑身舒坦。可惜我吃完这5个葱肉饼,胃里已经没有多余的地方,只能闻闻店里散发出来的香味。

葱肉饼在店里卖得火爆,老人们也喜欢自己在家里做给孩子吃。将猪肉用白酱油、味精和五香粉腌制一下,激发出肉的嫩香味。将面团揉成饼皮,包入肉馅和葱花,再撒上一些生芝麻,贴到烤炉的内壁上烤熟。大约40分钟后,就可以逐个取下来,随时食用。

初到福州的人,会以为葱肉饼就是平常所吃的葱油饼,其实二者截然不同。葱肉饼的主要食材是猪肉,葱花只负责调味去腥,且葱肉饼是酥饼,用烤炉烤制而成,而不是用平底锅煎出来的。这样一个圆圆的饼,吃进嘴里,美在心里。它寓意着团团圆圆,饱含着福州人对阖家团圆幸福的企盼,尝上一口,令人回味无穷,幸福溢满心头。

福旺和海鲜面

地址 鼓楼区杨桥中路茶园小区加油站旁边

电话 0591-83261689

红糟鱼
色泽惊艳，香味浓郁

红糟是福建特有的一种调料，也是一种奇特的味蕾记忆，福州的名菜中几乎都要放上那么一点。它由红曲和糯米酿酒后沉淀的渣料制成，福州人能够想到用它来做调料也是很神奇，而用红糟制成的独一无二的红糟鱼，更是福州人聪明智慧的体现。红糟香味浓郁、色泽鲜红，是迄今为止烹饪界公认的最天然的食用色素。在烹调菜品时淋上一勺红糟，菜肴立马浓香四溢，菜色品相也上升了一个层次。

红糟历史悠久。在福州民间，流传着许多关于红糟来历的故事。其中一则故事是这样的。据说闽清六都附近的白岩山上，崖高林密，沟深洞多，方圆三五十里均是参天古木，到处荫翳蔽日，因此那一带的野兽很多，它们经常下山破坏农民的庄稼和菜园，还捕杀家禽，于是当地农民纷纷在地里设置陷阱防备野兽。

传说有一天，一位农民在菜园中设下陷阱想捕杀破坏菜园的野猫，却困住了一只猴子。猴子拼命挣脱逃走后，对村民起了报复之心，当晚找来了群猴，把农民菜园里的蔬菜偷个精光。猴子一时之间吃不完这么多蔬菜，就将它们放在悬崖顶上晾晒，然后用带有咸酸味的树汁和泥搓软，藏在砍断的毛竹里，用黄泥封紧后再拿乱草遮蔽起来。不久，上山砍柴的农夫发现了毛竹里的腌菜，觉得很好奇，就把腌菜带回家，却意外地吃到了别有风味的"酸甜菜"，品尝后便赞不绝口。这件事情传开后，当地百姓深受启发，于是将鲜嫩的芥菜晾晒后，用酒糟和食盐搓软，放入瓮中压紧密封，再用黄土封住瓮口，并将瓮倒扣在草木灰上，半年后取出来，一开瓮就芳香扑鼻，这便是后来脍炙人口的酒糟腌菜。由于这种腌菜的主要调料为红糟，所以也称为"红糟菜"。

福清最著名的红糟菜就是红糟鱼。事先用红糟腌制好的鱼可蒸、可煮，而且腌制好的鱼色泽鲜艳亮丽，肉质红润，吃起来味道鲜美，具有养生的功效，能够降低胆固醇、血压、血糖，还可以防癌，是一道非常健康的美食。

每年春节前夕，老福州人总喜欢做这道色泽鲜红的腌制菜品，寓意新年喜庆的氛围。这也是唯一一道可以从大年初一吃到正月十五的菜肴，只要把腌制好的红糟鱼放入冰箱，可随时取用，既可以作为饭桌上浓墨重彩的一道菜，也可以配稀饭或当下酒菜，便利又好吃，而且营养丰富。

福州人偏爱自酿的红糟，一旦入菜糟香四溢，这便是福州的风味。那句"食物背后，万千故乡"，说的就是这个意思吧。

台江区
美食羁绊,走走停停 >>>>>

闽江之北,青山层峦叠嶂,秀水星罗棋布。千百年来风起帆扬,涛声依旧,美酒丝竹,天籁之音,一声声吟唱着台江的乡音。

老福屿

地址　台江区广达路356号
　　　（台江区消防局旁）
电话　0591-83280719

佛跳墙

美味珍馐，回味无穷

佛跳墙，又名福寿全、满坛香，是福州当地的一道传统名菜。旧时，只有富贵人家才能消费得起这道菜肴，而现如今，它已经飞入寻常百姓家，是街头巷尾大大小小的闽系饭馆不可或缺的一道佳肴。

如果说有的菜是平民厨房里飞出来的小麻雀，那佛跳墙绝对算得上闽菜系里的一只金凤凰了。佛跳墙原名为"福寿全"，光绪二十五年（1899年），福州官钱局的一位官员设宴招待福建布政使周莲。为了巴结周莲，这位官员令内眷亲自主厨，在绍兴酒坛里装上鸡、鸭、鸽子蛋、猪肚和羊肉及各种海鲜，原料和作料加起来达二十多种。煨制好这道菜后，为了讨一个吉祥的好彩头，这位官员特意将它命名为"福寿全"。周莲品尝以后，连连称赞。

御厨郑春发学会了烹饪这道菜肴，并对其加以改进，较之口味更胜一筹。后来，郑春发开了一家名为"聚春园"的菜馆，凭借这道佳肴在福州轰动一时。一次，一批文人墨客前来品尝这道菜，当福寿全上席启坛时，荤香四溢,其中一位秀才只觉心旷神怡,诗兴大发,当即朗声作诗道:"坛启荤香飘四邻,佛闻弃禅跳墙来。"在福州话中,"福寿全"与"佛跳墙"谐音。从此,援引诗句中的意思,这道菜改称为"佛跳墙",距今已有100余年的历史了。

佛跳墙是将二十几种原料放在一坛之中煨制而成的,但是,这道菜既有各种食材共同的荤香之味,又保持了它们各自原本的特色和味道。这道菜吃起来软嫩柔润,荤香浓郁,同时又荤而不腻。同时,这道菜的营养价值很高,具有润肺清肠、补血养气、防治阴虚的诸多功效。福州人吃这道名菜的时候,经常还会配上一碟蓑衣萝卜、一碟油芥辣、一碟豆芽心拌火腿、一碟冬菇炒豆苗,再佐以银丝卷和芝麻烧饼,个中滋味真是妙不可言,让人沉醉其中。

这道佳肴采用了众多上好的食材,如鸡、鸭、羊肘子、猪肚、猪蹄尖儿、猪蹄筋儿、火腿、鸡胗、鸭胗、鱼翅、鱼唇、鲍鱼、海参、干贝、鸽子蛋、笋尖、香菇、竹蛏等。原料与辅料经过精心加工和调制以后,再分层放入坛子中。这些来自大自然的"大腕"美食汇集在一起,成就了不同凡响的美味。

在台江区,说起吃佛跳墙的好去处,老福屿就是其中之一。这家位于台江区消防局旁的饭馆只有一层店面,门口有一位男服务员热情地向往来的食客推荐着店里的各色菜品。走入堂食区域,空间开阔明朗,桌子整整齐齐地排列着,基本上都是四人桌。我与友人点了一道店里作为特色推出的佛跳墙,再配上两道小菜,才花了100多元钱。总体而言,这是一家价格亲民又极具当地特色的小饭馆。

眼前的佛跳墙已经煨了数个小时。夹一枚鹌鹑蛋,混着微甜的汤汁送入口中,辘辘饥肠瞬间就得到了最妥帖的慰藉。都说闽人不仅热爱美食,也格外注重顺应自然的饮食养生之道。从这坛用数个小时慢慢煨就的佛跳墙里,从这汤汤水水的荤香里,就能体会到闽人道法自然的饮食观念。

海蚌湾

地址　台江区江滨中大道188号世茂外滩花园西段102号

电话　0591-83806955

鸡汤氽海蚌

国宴第一　海鲜美味

郁达夫在《饮食男女在福州》一文中写道:"福州的海蚌产于二、三月,其肥美要算来自长乐蚌肉,色、香、味俱佳的神品就是海蚌的舌头部分。"我一看到"色、香、味俱佳的神品",就对鸡汤氽海蚌充满遐想,异常神往。

据说,在闽菜名品中,"鸡汤氽海蚌"是一道与"佛跳墙"齐名的佳肴,更是人民大会堂国宴上鼎鼎有名的美食。这其中的"氽"字,很容易与"汆"字弄混,其实这两个不同的字是两种不同的烹饪方式。前不久,我路过某闽菜研究中心时,发现在门口竖起的招牌上,"氽"被误写成了"汆"。听一位老教师说,烹饪界许多专业的人士都分不清"氽"和"汆"字,更不用说普通人了。他解释道:"氽,是指食材在沸汤中快速致熟的烹法,氽法始见于宋代文献。鸡汤氽海蚌采用的正是这种方法。"他希望做这道菜的百年老字号,不要把写法弄错,误导大众。

我听后恍然大悟。名厨烹饪这道菜,关键在"氽"。氽六成熟取出,即为恰到好处。这简简单单的"六成熟",却难倒了不少厨师,因为全靠厨师感觉,多一点或少一点,菜的品相与鲜味,即有区分。这道菜也被称为"闽菜之最高境界":"清淡鲜脆"的蚌,"醇和隽永"的汤。

鸡汤氽海蚌是一道福建的汉族特色名菜,在福州地区备受推崇。早在宋代这道菜肴就已出现,文人们在品尝这道菜后,都难以忘怀,推崇备至。清代徐珂在《清稗类钞》中写道:"西施舌为闽产,以之为羹,甚鲜腴。"所谓的"西施舌",就是通称的海蚌。它的贝壳较大,略呈三角形,壳表为黄褐色,顶部为淡紫色,壳面内也是淡紫色。

"西施舌"这个别名听起来雅致,有关它的传说也引人遐想。据说当年越王勾践卧薪尝胆的时候,把越国美人西施献给了吴王,想利用美人计来智取吴国,吴王果然沉迷于美色,荒废了朝政。越王勾践和西施里应外合,终于打败了吴国,让越国重新兴盛起来。随着战争的胜利,西施很快也回到了越国,但她的美貌还是给她带来了灾难。越王勾践的夫人嫉妒西施美貌,于是进谗言,对越王说西施在吴国残害有功之臣,这样的美人回到越国,必定祸国殃民。西施没有机会为自己辩解,便被越王下令沉入大海。西施死后,这个海岸上生长出了个头奇大的海蚌,当其足部伸出蚌壳时,样子酷似人类的舌头,当地的渔民认为这是西施在为自己申冤,为了纪念西施,便把这种

海蚌称为"西施舌"。

我们慕名来到海蚌湾这家酒店,就是想品尝鸡汤氽海蚌。在豪华的酒店里,点几个清爽精致的小菜,配上鸡汤氽海蚌,看着就是一种享受。福州的朋友说,这家酒店的鸡汤氽海蚌,主要使用漳港的"西施舌"海蚌,搭配老母鸡的鸡肉,辅以牛肉、猪里脊肉,是一道"海陆联合"的上乘之作,食之令人口齿留香。果然,用鲜活海蚌作为主料,氽以滚热的鸡汤。做好的鸡汤氽海蚌一端上来,就有一种非同凡响的诱惑力。我尝了一下,真是名不虚传,这等美味带来的味觉享受让人难以形容。这道菜具备闽菜的"清、淡、鲜、脆"四大特色,难怪历代文人争相品尝。

鸡汤氽海蚌作为一道汤菜,可谓闽菜系中以海鲜为原料烹制的"神品之作"。我不由得赞叹:"古有佳琴余音绕梁三日而断,今有美食齿香萦绕回味不绝。"我坐在酒店餐厅的桌旁,隔窗望着外面的湖水,尝一口鸡汤氽海蚌,既惬意又怡情。

> **帮洲鸟店**
> 地址　台江区中亭街白马南路三县洲
> 电话　13655098100

台江区 美食羁绊，走走停停

炒白粿 好吃年味浓

  福建沿海地区的饮食偏清淡，炒白粿也是一样。白粿在福建莆田一带很受欢迎，是福建地区百姓逢年过节和喜庆筵席的一道风味佳肴。每逢重要节日，人们都会制作白粿，听朋友说，它是福建人独有的家乡记忆。

  我最初见到白粿，觉得它的外形很像北方的年糕，根本分不清两者的区别。朋友告诉我，白粿和年糕外形十分相似，其实是两种不一样的东西。白粿用白香米作为主要原料，年糕则用糯米制作而成。虽然两者的原材料不同，但口感有相似之处，吃起来都是黏黏糯糯的，只是白粿更有嚼劲。我恍然大悟，对白粿产生了浓厚的兴趣，回去查了详细资料，才知道白粿起源于年糕，莆田人对年糕进行了一番改造，于是就有了白粿。

  在朋友的推荐下，我在街上七弯八拐，才寻到了小巷子里的这家名为"帮洲鸟店"的店。这个店名我寻思了半晌，也不明其意，猜想它大概有烤鹌鹑的菜品，因而得名。进店之后，要了一份炒白粿。店里的白粿选用优质粳米饭舂制而成，用少许番茄酱一起炒，炒出来的白粿色红如火。

  旁边一桌是一对当地老夫妇，老先生说做白粿的米要选用优质的"棱稻"。这种稻子的生长期要比普通稻子长，种植面积小，产量也一直不高，因而很珍贵。这种稻米的韧性、黏性和香味都与众不同，做出的白粿被福州人称为"山里白粿"。在福州，只要提起"山里白粿"，老一辈人便会夸赞："山里白粿柔韧，的确好吃。"以前山里人干农活，以白粿为主食，最不容易饿。老先生感叹道，现在年纪大了，消化功能不太好了，即使觉得好吃也不敢贪吃，要是在以前，他一顿能吃下两大盘炒白粿。

那对老夫妇吃的炒白粿跟我吃的并不一样，他们点的是福州当地人喜欢的口味，里面配了海蛎、蛏干、虾仁和香菇，香味飘散，让我这刚吃完一份白粿的人，又想再吃一份。

炒白粿主要靠作料提味，而这家店用的是正宗的"山里白粿"，配了不少鲜美的食材，炒出来的白粿色、香、味俱全，滑润爽口，令人难忘。

因为难忘这种滋味，在离开福州时，我特地买了两袋白粿。白粿存储方便，放置在冰箱可以保鲜7天左右，而且煮前不需要用水浸泡。对于我来说，白粿很适合嘴馋时打牙祭，还带着一股老福州的味道，让我可以久久回味。

> **彬德桥时粿铺**
> 地址　台江区南园路19-2号
> 电话　0591-83252501

台江区　美食羁绊，走走停停

福州年糕
用心复制传统

如果问"每到新年必吃什么东西"，我想很多人都会脱口而出——"年糕"。从记事起，我对年夜饭的印象，就是长辈会在开饭前夹起一块年糕放入我的碗里。人们常说："小孩吃年糕，年年会长高；大人吃年糕，年年会高升；老人吃年糕，年年会高寿。"小小的年糕早已经不是一种单纯的食物，它更像一种新年的符号，只有吃过年糕，新的一年才算真正开始。福州地区的人们对年糕的喜爱跟其他地区的人相比是有增无减，年糕对于大多数福州人的重要性可想而知。

年糕是汉民族的传统美食，一般用黏性较大的糯米捣制而成，是农历新年的应时食品。福州的春节也讲究吃年糕。年糕的寓意深厚，被称为"年年糕"，与"年年高"谐音，寓意着新的一年里人们的学业、工作和生活能一节更比一节高。在福州地区，年糕分为黄、白两色，如同金、银，象征着富贵。过年时，即使远在他乡的旅人，也要吃上一口热乎乎的年糕，以慰乡思。

我到福州的时候，听人说起"糖粿"，不知道是什么，问了朋友之后才知道就是年糕。福州的年糕称为糖粿，是根据方言的谐音演变而来的。

我想品尝一下正宗的糖粿，于是在朋友的推荐下来到南园路上的彬德桥时粿铺。小年刚过，此时是这家粿铺最忙碌的时期。这家店的老板娘做福州年糕做了将近20年，可想而知，由她手里做出来的糖粿该是怎样的一种美味。我十分幸运，品尝到了她亲手所做的糖粿点心，果真难忘其美味。

刚端上来的糖粿被切成块状，经过油炸，酥脆可口，还冒着热乎乎的香气。我迫不及待地夹起一块，放入口中。最外层的豆皮已炸得酥脆，芳香扑鼻，入口豆香四溢，内层的花生在下一秒就涌入口中，又为年糕的口味增加了层次感。热乎乎、甜糯糯、香甜可口的年糕下肚，一年的烦恼就这样烟消云散，冬季的寒意也随之而去，萦绕在四周的只有暖洋洋的芬芳。

彬德桥时粿铺

地址　台江区南园路 19-2 号
电话　0591-83252501

台江区　美食羁绊，走走停停

九层粿
重阳节的登高小食

初来福州的时候，有一次肚子饿了，忽然在福州的小巷里看到造型精巧的九层粿。当时，九层粿刚从蒸笼里拿出来，表面有绿油油的葱花，香气弥漫了整条街道，让人食欲大增。我看着装在碗里的九层粿，就着店家配备的小醋，一口一口地吃着，再配上一碗豆腐小肠汤，说不出来的惬意。虽然只是一家小摊贩，味道却是一绝。后来再去找这个卖九层粿的流动小摊，却始终寻不见它的踪影，着实遗憾了一阵子，也因此对九层粿的味道产生一种特殊的留恋之情。

九层粿原本是福建莆田的一种特色地方小吃，由九层不同颜色的米浆混合而成，是汉族的传统美食。它以白米和糯米为主料，先将主料细磨成米浆，再分成九个等量，每一等量加入适量白糖和三种颜色的食用色素。通常第一层为红色，第二层为淡黄色，第三层为原白色，如此反复直到第九层。因为这种糕点有9层，所以得名"九层粿"。

"九"在古代先民的观念中是一个神秘而吉利的数字。东汉王逸《楚九辩》注云："九者，九为阳数，其日与月并应，故号曰重阳。"所以农历九月九日被视为一个十分难得的吉利日子。民间有传说，太上老君出生于九月

九日,而且我国古史传说中的五帝之首黄帝,据说也是在九月九日这天登霞升天的。无独有偶,莆田湄洲妈祖也是在这一天飞升的。据《妈祖显灵录》中记载:"太宗雍熙四年丁亥,天后年二十八,秋九月八日,后对家人说:'我爱清静,尘世所不乐居,明天(九日)是重阳日,我有登高的意愿,预告别期。'"妈祖的家人以为重九登高只是一项节庆惯例的事,不知道妈祖是要仙去了。后来当地居民为了敬祭妈祖升天,制作了九层粿,也为在重阳节庆中讨个吉利。作为一种重阳登高的美食,九层粿就这样产生了。

在福州,重阳节这一天几乎每家每户都会备上九层粿,在登高时吃上一块。九层粿看似普通,其中的意蕴却极为丰富,意味着"九九大吉"、阖家幸福安康,饱含着美满幸福、年年高升的美好祝愿。

去年的重阳节,我在福州又吃到了九层粿,这次是在一家叫"彬德桥时粿铺"的店里。热腾腾的糕点一端上来,我便想起了第一次吃九层粿的经历,忍不住开始流口水。盘中的九层粿被切成菱形,外观雅致,层数很多,叠起来就像一本书。我吃了一块,口感滋润细腻,味道淡甜,与我第一次吃的味道略有不同。这家店的滋味更适宜小孩与老人。

我一边吃着九层粿,一边询问店中的服务员,才知道九层粿的制作过程十分烦琐,一般人很少自己动手做,所以当地人大多到店里和大排档购买。配上热豆腐、小肠和热干菜汤,蘸一点醋,吃起来别有一番滋味。

听服务员这样一说,我更加怀念最初品尝到的九层粿的味道,或许那时我饥饿难当,因而把九层粿配豆腐小肠汤的味道藏在心里,一直牢记。那时的滋味对我而言,犹如一种雪中送炭的恩情,而这时我吃的九层粿,甜软的感觉更像是锦上添花。这九层粿的味道,既已铭刻在心,恒久也不会忘记。

百饼园

地址 台江区西环中路691号万象生活城F1
电话 13906922282

礼饼
芳香鲜美，甜中存咸

吃东西是日常生活中必不可少的事情，但是能够吃得好、吃得对、吃得符合礼仪却并非易事。在食物上，福州人一直恪守传统礼仪，有一道名为"礼饼"的美食，就是秉承这一美好传统的典型糕点。

礼饼是闽东南地区一种极具传统乡土意味的糕点，也是糕点中重油、重糖的一个品种。它的形状大多为扁圆形，比月饼大上一号，表面铺了一层白芝麻，外形酷似苏州的小麻饼。礼饼皮薄如纸，馅饱味香。它主要用白膘肉制馅，晶莹光亮，吃起来香甜细润，润而不腻，加之烘烤过的香喷喷脆嫩表皮，更是清香适口，味觉享受令人难以忘记。

礼饼也是一种订婚饼，可作为回礼，分送给前来道喜祝贺的亲朋好友。这种富有浓郁福州味道的礼饼所承载的幸福和甜蜜，饱含了福州人对新人的浓厚祝福。长久以来，礼饼作为男女订婚的凭证深受人们的青睐，在福州甚至有"礼饼方有礼，其他不为礼"的说法。

在福州地区一直流传着这样一个历史故事。相传在赤壁之战后，曹操损兵折将元气大伤，只好退回北方。而孙刘两家在联合抗曹取得胜利之后，因双方实力不平等,孙权得利优于刘备,两者难免生出龃龉。周瑜乘胜追击,一举攻下荆州。而刘备深知荆州是要害之地,便与军师诸葛亮商量"借荆州"。果然,东吴上当受骗,刘备再无归还荆州之意。

周瑜与孙权因为"借荆州"一事愤愤不平,听闻刘备夫人新丧,便生出一个计谋:以孙权的妹妹孙尚香作为诱饵,假意招刘备为婿,将其扣留在东吴,归还荆州才放刘备离开。诸葛亮早就洞察一切,将计就计,让刘备去娶亲,并带500兵卒在城中采买婚庆用品,其中就有礼饼。他们大造舆论,最后弄假成真,闹得东吴赔了夫人又折兵。从此以后,民间形成了定亲送礼饼的风俗习惯。

我在福州市遍寻礼饼无果,才知道原来随着时代的发展,礼饼现在在城市的饭店里已经很少见了。听老福州人说,现在城里人只有在逢年过节,或者亲友的喜事上才能吃上礼饼。出嫁的女儿、外孙女每年中秋节回来省亲时,孝敬长辈的必备特色礼物也多用礼饼。不过,礼饼作为福州极具特色的传统美食,在福州台江区迄今已有150多年历史的"谢万丰"老字号依然有生产,在当地超市里也能买到。

因为我很想品尝新鲜出炉的礼饼,所以特意找到了百饼园。坐在门店里,我询问了店长,才知道礼饼的做法相当考究。做时将粳米、糯米、面粉和好,揉搓成皮。馅料中有冬瓜条、肥膘肉、葱花、花生、芝麻及时令果仁,一应俱全。虽然礼饼中用了肥肉,但都是去膜除筋腌制过的呈现出白玉般颜色的肥膘。糖也是经过特殊熬制而成的方砂糖,细绵香润。果仁和果脯采用人工一刀刀切碎的方法,切成黄豆粒大小。经过精心烘焙,制成的礼饼恰到好处。一口咬下去,丝毫没有想象中那种肥膘的油腻感,却有一种清脆可口的蔬果口感,十分神奇。

我向一旁的顾客学习，用刀子把礼饼切成小块装在店里备好的小碟中，从切口可以看到葱的青、冬瓜条的粉红、花生的金黄，还有那点点嫩白及隐约可见的时令果仁。点上一壶香茗，细细地品尝。暖阳照在身上，暖了我的身，也暖了我的心。

宝来轩饼店

地址　台江区隆平路宝来轩
电话　15210235009

猪油炒米
家喻户晓的福州名点

我来到老福州的一条青石小巷，小巷两侧立着青瓦老屋，微风轻拂，细雨摇曳。狭隘却明亮的弄堂里，处处尽显小桥流水的水乡风姿。

傍晚来临，一股猪油的香气萦绕在小巷子里，这时朋友突然说，对于老福州人来说，猪油曾经是必备的作料，那白皙如玉的猪油制品，是食物的灵魂伴侣，少一分就少了一分美味。他说，小时候每当黄昏时分，家里的台灶生着火，艳丽的火苗吞吐着，母亲不时地翻炒几下锅中白花花的肉块，不用多久就能听见肉块发出的吱吱响声，四溢的猪油香气混杂着独特的焦香，充盈整间屋子。在他的儿时记忆中，最不缺的就是混合了这猪油的菜肴，即使只是普通的猪油炒米，也是最美好的回忆。

"猪油炒米"，我第一次听到这个名字，顿时产生一股油腻感，丝毫没有食欲。后来才知道，猪油炒米跟我想象的完全不同。猪油炒米在福建一带广为流行，是汉族的传统名点之一。很早以前，因为易于储藏和携带方便，猪油炒米成为军粮和战乱时老百姓的干粮，家家户户都会做。里面的原材料主要有糯米、猪油、饴糖等。猪油炒米是块状的米花糖，其实是一种点心，但很多老福州人仍称之为"炒米"。

猪油炒米的背后有一段浪漫的故事。据说明宪宗时期，兴王一位得宠的妃子得了厌食症，连续几日胃口不佳，吃不进去任何东西。王爷见宠妃日益消瘦，心里十分着急，王府的厨师也都束手无策。后厨中有一个帮工为了帮王爷排忧解难，想出了一个绝好的主意。他用术米（一种红色的糯米）筛去米牙，放水浸泡，然后捞出来加入猪油拌匀，放入蒸笼蒸熟后晾干，投入鲜猪油锅内炸至酥松，再倒进用白糖、饴糖和清水熬成的糖浆内，搅拌均匀后放入木框铺平，撒下冰糖碎片，切成方块状，并命名为"猪油炒米"。猪油炒米脆酥香甜，口感舒适，用开水泡食，令王妃胃口大开，也治好了她的厌食症。从此以后，猪油炒米就逐渐在王府和宫廷中流传开来。民间也纷纷模仿，猪油炒米很快成为福州人馈赠亲朋好友的礼品。在清代《儒林外史》中就有对炒米的描述："买了四只鸡，五十个鸡蛋和些炒米、欢團之类，亲自上县来贺喜。"

早闻福州老字号"宝来轩饼店"的猪油炒米口感一流，眼见时候不早，肚子有些饿了，刚好距离宝来轩不远，便乘兴去店里品尝两块。宝来轩饼店已经有160余年的历史，是由闽侯县流沙乡人唐兆波创办的。

初次见到的猪油炒米一块块平整地铺在木框里，一阵阵猪油香味扑面而来，师傅正忙着撒冰糖碎子。我点了一份现做的猪油炒米，发现工艺和用料都很讲究，厚薄一致，四周均是气孔，色白。拿起轻咬一口，酥香四溢，忍不住又咬了一口，就再也收不住嘴了，任由舌尖上的味蕾尽情享受着美味。

据宝来轩里的服务员介绍，许多老福州人吃猪油炒米，习惯用开水泡着吃，被水泡开的炒米不会变糊，一粒粒散开的糯米清晰可见，而且冲开的汤汁散发着猪油的芳香味儿，让人馋得流口水。听服务员这样一说，我很好奇，于是让服务员给上了两碗热气腾腾的开水，按照当地人的吃法，用开水泡炒米，再搅散开来，一股香气随着水蒸气沁入心脾，让人忍不住想大口吞咽。

心满意足地吃完猪油炒米，喝一杯淡茶解腻，看着店里人来人往，心想，猪油炒米作为闽菜中的一道名点，能拥有这么长久的历史，自有其吸引人的特点。宝来轩的炒米，不管是制作工艺还是成品，都展现了大师们的高超手艺和不断钻研的精神。此品老少皆宜，是当地人茶余饭后的"小零食"，而作为一个外地人，我第一次品尝宝来轩的炒米，就喜欢上了这道美味，再也无法忘记。

老福州的大街小巷里不乏能人妙手,他们愿意去品味平凡生活中所蕴含的那股劲儿,因而演绎出一段段令人惊喜的传奇。就像宝来轩里的这些大师傅,他们不是世外高人,也不是英雄侠客,但就是这样普普通通的手艺人,在城市的一隅,发扬"匠人精神",制作出一道道令人垂涎的美食,让人肃然起敬。

> **彬德桥时粿铺**
> 地址　台江区南园路19-2号
> 电话　0591-83252501

台江区 美食羁绊，走走停停

碗糕
立夏时节的清凉小点

碗糕是福州常见的一种小点心，因其出锅后的形状和日常所用的碗很像，而且成品也盛在碗中，所以就被称为碗糕。

自古以来，福州地区便有过年"蒸糕做粿"的习俗，有"煎粿蒸糕'发'新年"一说。碗糕在制作过程中需要经过发酵，福建人取其"发"的寓意——发达、发财和发家致富，以此寄托心中美好的愿望。除此之外，碗糕发酵后，用旺火蒸熟，表面就会出现四五道胀开的口子，看起来好像一张"笑脸"，这象征着全家人欢欢喜喜，其乐融融。因此，福州人逢年过节吃碗糕的习俗延续至今。每年腊月二十三前夕，家家户户都开始蒸碗糕，希望过一个开开心心的美好新年。

关于碗糕的来历，有一个动人的传说。古时有个书生进京赶考，夜里投宿在一户农家，这户农家的姑娘心灵手巧，看见书生深夜读书辛苦，于是想做一些小点心送给他吃。姑娘做点心的方法是：将糯米粉、白糖加清水混合在一起，搅拌均匀成糊状，然后加入用温水调开的发酵面团，搅拌均匀。发酵后,在蒸碗内抹上一层油,然后把已经发酵好的糟糊倒入,最后撒上一些芝麻,放到大蒸笼里用大火蒸熟。做好之后便端给书生品尝,书生正觉得肚子饿,吃了这种小点心之后,觉得口感暄松绵软,十分可口,而且糕点上绽开了"笑脸",好像预祝他金榜题名,十分喜庆吉利。书生问姑娘这叫什么糕点,姑娘看了看蒸糕用的小碗,随口取了"碗糕"这个名字。书生记住名字,并请求姑娘做一些碗糕,让他带着路上吃,就这样,书生一路吃着姑娘做的碗糕到了京城,最终金榜题名。书生认为正是这种"笑盈盈"的糕点给他带来了好运气,同时对那位做碗糕的姑娘也心生爱意。最终书生与姑娘喜结良缘,在他们成婚时,两人用碗糕招待前来祝贺的亲朋好友,一时间传为佳话。

  如今碗糕在福建各地都很流行,对福州人而言,碗糕已经和他们的生活紧紧相连,每年的立夏要是不吃上一份碗糕,就会觉得夏天还没有到来。因为每逢立夏,福州就有"做夏"的传统习俗,而"做夏"就是以福州风味小吃为主的美食节。每到这一天,各家各户就要早起磨麦粉、磨米浆,然后做煎饼、蒸碗糕、煮鼎边糊,做好后邻里之间相互馈赠,于是碗糕在福州就慢慢成为一种夏天的标志性食物。清代有位学者叫郑东廓,他曾在《福州风土诗》中记载:"栀子花开燕初雏,余寒立夏尚堪虑。明目碗糕强足笋,旧蛏买煮锅边糊。"说的正是立夏食用碗糕的习俗。

  我到福州的时候已经过了立夏的节气,所以碗糕也不是随处可见了,街头巷尾都难以找到卖碗糕的摊位,当我略感失望的时候,突然发现彬德桥时粿铺有碗糕卖,我就像发现新大陆似的,赶忙跑过去要了一份。一团团白色的碗糕整齐地躺在托盘上,表面"开出的花"似朵朵白莲,诱人食欲。

  第一口咬下去,口感暄松绵软,入口即化,还带着一丝清凉。虽然我吃的是咸味碗糕,但是没有一点发咸的感觉,十分可口。福州碗糕与其他地方的碗糕相比,在用料和做法上略有不同。福州人在做碗糕的时候,先将温水和白糖搅拌均匀,再倒入磨好的米浆,然后盖上一层保鲜膜发酵3个小时左右,直到米浆表面有明显气泡时再倒入苏打粉,进行二次搅拌,然后将其倒入备好的蒸碗里,放在蒸屉上用大火蒸。虽与传统做法有些不同,但碗糕的香软口感仍然未变,色味依旧醇厚自然,可谓老少皆宜。

  不过说实话,碗糕的味道与糯米糕有些相似,卖碗糕的人见我若有所思,指了指旁边的红色碗糕说:"你要不要尝尝红糖碗糕啊,甜着呢,比这咸味的还好吃。"我对美食从不抗拒，便立刻又要了一份红糖碗糕，拿起一块放入口中，顿觉一股香甜气息涌入胸腔。不得不说，红糖碗糕确实比咸味的更好吃，除了松糯的口感，还多了一种焦糖的甜香味，这更像是老福州人喜欢的口味，隽永绵长，余味无穷。我问服务员为什么福州人喜欢在立夏吃碗糕，她告诉我因为老话讲"食碗糕，明眼目"，夏季吃一块碗糕，可以清火明目。当我还想再吃一些的时候，服务员笑呵呵地说："碗糕虽然容易消化，但是吃多了对胃也不好，下次再来，还有别的口味。"我只好作罢，依依不舍地离开碗糕的摊位，那碗糕的味道我至今还记得。

　　我在离开福州前约了当地的朋友，又去买了一次碗糕。在夏日傍晚漫步街边，捧着碗糕细细品味着，顿觉暑热退去，只剩下碗糕的清凉与夏日的惬意……

仓山区
从口到心,感悟美食 >>>>>

琼花玉岛的仓山美景,千百年风景依旧,长河流水如梭,古桥风帆尽过。饮一杯清醇美酒,品一口菊花鲈鱼,荡漾在心中的是长长久久的如花美眷,便罔顾了似水流年。

> **后溪手工线面**
> 地址　仓山区工农路与振兴巷交叉口西50米
> 电话　18759177327

线面
九天玄女的美味传奇

　　福州美食众多，其中线面算是独具神话色彩的美味。线面，听其名字，便能想到这是一种像线一样又长又细的面条，犹如银丝一般。线面的横截面不像普通面条那样呈长方形，而是一个直径0.7毫米的圆形，且每根线面的长度都在19米以上，可见其精细纤长。

　　说起来，这精细的线面还与九天玄女有关。福州的线面起源于南宋时期，当时就有这样一段神话传说：九天玄女本为王母娘娘的小女儿，她想在王母娘娘生日的时候做一些美食，为母亲贺寿，于是便煞费苦心地研究寿面的做法。反复琢磨多次后，终于精制出细如银丝的线面。九天玄女于是将做好的线面带回天庭，途经福州时，发现此地正闹饥荒，老百姓没有饭吃，都在死亡边缘挣扎。九天玄女动了善心，将做好的线面从天降下，细长的线面绵绵不绝，让所有福州百姓都能果腹，渡过难关。就这样，福州百姓将九天玄女视为"线面始祖"，认为线面不仅是天赐的食物，也是九天玄女传给他们的美食。时至今日，很多线面工人还会在家供奉九天玄女像，并配上对联

"金梭玉帛，牵丝如缕"，横批则是"巧夺天工"，形象地描绘了线面的特色，更赞扬了九天玄女精巧的手工。

制作线面并非一件易事，一共需要经过7个步骤，制作时间长达9个小时。线面的难做之处主要在揉面和发酵上：以精选的白面粉为主要食材，加入精盐和生油，面团需要发酵半小时；然后揉面条、松面条，再放到陶盆里发酵；接下来继续揉，加入薯粉，进行第三次发酵。随后选大概70根细面条，将它们缠绕在面筷上，平挂在发酵柜里，垂挂两到三个小时后进行拉面——这是最能体现线面制作工艺的时候。将一根面筷固定在面架上，用手拉住另一根面筷，多次拉长，同时不能让面条断掉，拉到面条细度仅为0.7毫米的时候才算完成。经过太阳的照晒，当线面的含水量在25%左右时，将其捆扎好再烘干，便可以存放一年左右。

做工如此烦琐的线面，在福州人心中自然有着特殊的地位。线面的传统吃法是一碗面里配上两个蛋，这样的碗面被称为"太平面"。"面"在福州方言中与"命"同音，"蛋"的发音同"太平"，因而福州人借一碗线面表达"平安幸福，长寿健康"的美好愿望。尤其是每年的正月初一，全家人围坐在一起，每人一碗线面，寓意新年好运气，平平安安。若是有客人到访，首先呈上的就是一碗线面，足见线面于福州人的意义。

我经常在早饭时间，来到工农路附近的面馆吃上一指线面。福州人通常把线面扎成一小束，一束就是一指，一指就能做出一碗面来，所以在面馆里只要和老板说"老板，我要一指鸭面"，老板立马就麻利地将一指线面投入沸水锅中，等水再次沸腾时，将面捞到碗里，倒入煮好的番鸭肉高汤，再滴入两滴本地黄酒，一碗原汁原味的线面就好了。

在福州，制作线面不用"煮"，而是用"泡"。听当地人说，线面一般有羊肉面、鸭面和上排面，分别是用羊肉汤、番鸭肉汤和上排汤"泡"出来的。我最喜欢的就是泡鸭面，高汤中的线面不乱不糊，一筷子挑起来牵丝挂缕的，咬一口柔韧细滑的面，喝一口原汁原味的老汤，面的柔、汤的鲜便填满了整个口腔。

当我要离开福州的时候，福州的朋友还送了我一指线面和两个鸭蛋，祝我旅途顺利，一切平安，而且还叮嘱线面是不可以用刀切开的，因为"切面"的谐音就是"切命"，这是最不吉利的。我带走的不仅是一指线面，更是朋友的美好心意。

特香光饼店

地址　仓山区盖山镇后坂村后坂街132号
电话　无

仓山区　从口到心，感悟美食

光饼
福建饼中之最

在福建，人人都知道光饼。光饼之所以名气大，有两个原因：一是因为光饼是福州最具代表性的面食，大街小巷都有卖光饼的地方；二是因为光饼的历史悠久，且被当地人称为"最有文化的饼"。

光饼的由来与抗倭名将戚继光有关。明朝嘉靖年间，倭寇屡次侵犯我国沿海地区，烧杀掠夺，无恶不作，沿海一带民不聊生。戚继光奉皇命率军两次出征福建抵抗倭寇。可是当时军资匮乏，粮饷不足，一般的食物在炎热的天气下也不容易保存，更不方便带上战场，因此军中的粮食供应成了大问题。

福建百姓为了不让将士们饿肚子，就把面团擀制成面饼，再放在炉子上烤熟，为了减少士兵的行军负担，还在烤面饼的中间穿了一个孔，用线穿成一串。士兵在行军过程中将饼扛在肩上，想吃饼时只需摸一下，便可轻松吃到。行军时，如果在野地里点篝火煮食，很容易被敌军发现，所以士兵们都选择吃饼，不仅不会暴露军情，还节省了大量时间。在福州百姓的帮助下，

戚继光的军队很快就平息了福建沿海的倭寇祸患。后来人们为了纪念戚继光，便把这种饼叫作"继光饼"，今简称"光饼"。从那时起，光饼就是福州人引以为傲的一种食物，堪称"饼中之最"。

由于光饼最早是为军队制作的食物，因此它的制作规模十分庞大，一次可以做出几十斤甚至上百斤的光饼。做饼的师傅一般分两次对面粉进行揉搓、发酵。第一次用25斤面粉，加12斤水和10斤老酵，揉成一个巨大的面团，在发酵桶里发酵几个小时，再从发酵好的面团中取出10斤作为下次发面用的老酵。第二次取20斤面粉揉进发酵好的面团，加入35斤温水和2斤盐，接着把大面团放在面板上发酵3小时，然后加入面碱反复揉搓，直到面团表面光滑，富有弹性。此时将面团搓成长条，用手逐次揪出50克左右的小面团进行揉搓，用特制的擀面杖擀出光饼坯，在饼的中间穿出一个洞，最后将做好的光饼坯一个一个放入烤缸中。

烤光饼用的烤缸是直径1米、高2米的黄泥缸。先用成捆的松枝点起大火，把缸壁烧"白"，灰烬留在缸底，两人合作把揉好的饼贴在缸壁上，速度一定要快，更要小心，因为稍不留神就会被火烧到，或者被缸壁烫到。由于衣服束缚胳膊，也容易烧着，所以做饼的师傅一年四季都是赤膊上阵。

值得一提的是，福建人烤制光饼的过程十分新奇有趣，有美食家称之为"音乐与舞蹈融为一体的劳动"。人们在烤饼时，会按照一定的节奏干活，偶尔喊几声号子，给人一种享受劳动的感觉。

福州人真的太喜爱光饼了，以至于这种原本只是街头小吃的食物一步步变成了宴席上的主菜。在福州游玩时，我有幸拜访了一位学者，老先生说带我去吃一次特殊的"宴席"。出现在我们眼前的是一桌光饼宴，各式各样、口味各异的光饼一应俱全。有将炒干的海苔菜夹在饼中再加上酸辣佐料的苔菜饼，有将芥菜心夹在饼里的辣菜饼，还有将米粉肉夹在饼里的夹肉饼。更高级的，是把光饼切个口子，夹上糟肉、粉蒸肉、雪里蕻、苔菜，再浇上点醋蒜汁，单看这一

道菜，普通的光饼就已经变身为高级的菜品了。

　　满满一桌子的菜，虽然都是光饼做成的，但是味道完全不同，酸甜苦辣咸尽在其中，而面饼本身的味道却已不见踪影。饭后再喝点茶，让人回味无穷。在交谈中，老先生告诉我，古代福建进京赶考的学子都会准备很多光饼作为干粮，有人甚至用吃多少光饼来衡量学子们用功的程度。他笑着对我说："你这种饭量是根本不能进京的，要多吃才好。"在欢声笑语中，我们结束了一顿丰盛的午餐，老先生又带我上街，随便找了一家饼店，指着最前面的两盘饼问我："你看看，哪一种才是光饼啊？"面对两种除了大小完全一样的饼，我有些不知所措，老先生笑着说："哈哈，左面这个小的才是光饼，它是咸的。右边那个大的是征东饼，它是甜的。两个看起来一样，吃起来却完全不同。"

　　若不是亲眼所见，我还真不知光饼中还有如此大的差异，不得不承认，福州"饼中之最"的称号，非光饼莫属。

黄氏拌粉干

地址	仓山区福建师大朝阳南路（工商局旁）
电话	0591-83470777

拌粉干
当猪油遇见葱花

有一道美食，当它出现在福州的街头巷尾时，说明福州的夏天已经来了。没错，这道美食就是——拌粉干。因当地水质好，做工细致，选料精良，且自然风干，所以福州的粉干洁白匀长、细润柔韧，且久煮不烂，翻炒不粘不碎，闻名遐迩。在福州，粉干的吃法很多，最主要的还是拌粉干：先把粉干放在开水里焯熟，沥干水分放到碗里，用猪油、味精、盐和葱花做调料，最后滴几滴老酒，均匀拌开，一碗香喷喷的福州特色小食就做成了。

自古以来，中国人在主食方面，就有北方人食面条，南方人食米粉的饮食差异。据说，当年秦始皇为了统一中国，曾派兵远征南方。当时的秦军大多是西北人，习惯吃拉面、刀削面、羊肉杂碎汤泡馍等面食。当他们远离故乡，征战南方的时候，由于山高路远，粮食运不上来，因此他们经常饿肚子，根本没法打仗。带队的将军没有办法，只好就地征粮，以解决军队的饮食问题。

但南方盛产大米，不种麦子，这就难坏了秦军中的伙夫，后来他们根据西北人制作面条的原理，将大米磨成粉，然后加工成一种米面，再用米面做成"细面条",供给将士们食用,这就是历史上最早的米粉。

福州粉干历史悠久,从明代至今已有500多年历史。粉干是米粉中最为精良的一种,对原料和水分要求都很高。制好的米粉用竹子挑起摆平,晾干或晒干后才成为粉干。

我第一次吃拌粉干是在仓山区的黄氏拌粉干,去的时候正好是饭点,小店挤满了人。我学着当地人的点菜方式,要了一份拌粉干和一碗猪肝汤,听说这是吃粉干的标配。当我挑起一根细滑的粉干放入口中品尝时,一股异香刺激着我的味蕾,细品了几口,却还是无法说出这异香的来头。

听说拌粉干只加葱花这一种调味料,精髓在于猪油和虾油。虽然现在有很多店用更香浓的花生油或者芝麻酱,但是总比不上最传统的猪油拌粉干,那种自然的醇香是老福州人专属的记忆。拌粉干中的葱花虽然只是调味品,但这股清香能解腻,吃完粉再喝一口猪肝汤,粉干的味道便更加细腻醇厚。

夏至来临,坐在开着空调的小店里,吃一碗爽口的拌粉干,再闷热的天气也显得凉快了许多。用筷子挑起粉干,慢慢地吃,细细地品,让人有一种心定神闲的感觉。

拌粉干满载着老福州人的记忆,即便在时尚美食遍地的今天,仍然是福州人心中难以割舍的那道美食。

西城饭店

地址　仓山区金榕南路10号金山榕城广场10号楼1层

电话　0591-88885050

一品鲳
最有格调的佐酒菜

　　一品鲳是福建名菜，在闽菜中占有一席之地。这道菜是用整条鲳鱼煨制而成的，"一品"是说鲳鱼的形状扁而略圆，而在福州，凡是形状为圆形的东西，都被称为"一品"。当然，这也是在夸赞鲳鱼的美味，当属"一品"。

　　传说鲳鱼圆溜溜的，它呆头呆脑，整天东游西荡，对什么事都充满好奇。有一天，县太爷娶亲，鲳鱼想瞧一瞧新娘是什么样子，于是摇身一变，成了一个普通渔民，随着众人一起去看热闹。一路上大家都说，县太爷的脾气不太好，于是互相叮嘱，千万不要闯祸，鲳鱼也跟着点头答应。一群人很快来到了街上，远远就听见敲锣打鼓的声音，好不热闹。老百姓都拥到一处，争着想看新娘子。鲳鱼看见新娘的花轿已经到了跟前，就拼命往前挤，一心想把新娘看清楚，把众人的叮咛全忘了。它用力向前一蹿，不偏不斜，正撞在花轿上，把花轿撞翻了。

　　抬轿的人手忙脚乱，赶紧去禀报县太爷。县太爷一听，气得浑身发抖。

好端端的婚礼竟被一个刁民给搅了,县太爷火从心头起,喝令手下把闹事的渔民抓来狠狠地打一顿。就这样,鲳鱼挨了两百棍,全身血淋淋的。等它逃回水里,变回鱼时,发现原本圆溜溜的身子,已经变成扁塌塌的了,皮也掉了一层。伤好了之后,鲳鱼的背脊长出了一层青白色的薄皮,好像一面平镜,而它的身子也不能再复原,永远是扁平的圆形。所以有一句俗语叫作"鲳鱼直进",说的就是鲳鱼呆头呆脑,横冲直撞。

故事虽是杜撰出来的,但是流传至今,也给一品鲳这道美味平添了几分趣味。

福州的一品鲳大多用黑鲳鱼,这种鱼易与鲈鱼相混淆,它口小,背部为

青灰色,整体形状更扁。制作一品鲳的工序并不烦琐,但辅料比较复杂。做这道鱼,最主要的一步是宰杀鱼和清理鱼的内脏。为了美观,处理鲳鱼的尾部时不能像处理其他鱼一样修到光秃,鱼身要剖出十字刀花,用酱油、绍酒腌5分钟,放到干淀粉中翻滚一下,快速地将鲳鱼放入油锅中炸至金黄色,捞出沥油。在油锅中下入蒜瓣,煸炒出香味,加入骨头汤、香醋、味精、白糖、咖喱粉、胡椒粉、芝麻油、酱油和绍酒,调成汤汁煮沸,将鲳鱼放入其中,用小火煨至汤汁黏稠,最后起锅装盘。有时可以用胡萝卜丝和番茄片做一点装饰。

在福州仓山区,我有幸在榕城广场的西城饭店吃到了一品鲳。当服务员把一个白色盘子端上来的时候,我看到一条黑白相间的鱼摆在盘子中间。我迫不及待地夹起一块肉。虽然鲳鱼表皮是黑色的,但是里面的肉洁白如雪,鱼肉味道鲜美,而且刺少,对于喜欢吃鱼的我来说,这是一件极方便的事情。吃鱼肉时蘸一点汤汁,能大大提升口感。

吃福州的一品鲳时,配上当地人自酿的黄酒,小酌一口,便觉酒香更浓郁,鲳鱼更鲜美。一口鱼肉一口酒,美食的格调就这样一点点升华。

一品鲳美味至极,我把一整盘菜吃得干干净净,食毕心满意足,忍不住大发感慨:来福州,如果没吃过一品鲳,那真是白来一趟了。

醉得意（首山店）

地址　仓山区首山路66号
　　　（商贸学校对面）
电话　13859052661

菊花鲈鱼
形似菊花，朵朵绽放

　　菊花鲈鱼是福州的风味名菜，因整道菜形似菊花而得名。一盘菊花鲈鱼一端上宴席，便可倾倒四座——鱼瓣犹如菊花般朵朵绽放，令人惊艳。

　　我对鲈鱼并不陌生，曾经有幸品尝过"江南第一名菜"松江鲈鱼，也试过清蒸鲈鱼的美味。古人曾留下"秋风且食鲈鱼美""白酒醇醅鲈鱼鲜"等有关鲈鱼的佳句，《烟花记》也记载了隋炀帝对鲈鱼的评价："所谓金齑玉脍，东南之佳味也；糖醋味，色泽微黄，颇为雅致，酥香嫩鲜，甜酸适口，健脾开胃调理。"六朝时期在洛阳做官的吴郡人张翰，曾以思念家乡的鲈鱼脍和莼菜羹为借口，远离官场这一是非之地，留下了"莼鲈之思"的佳话。

　　鲈鱼多产自我国沿海地区，尤其在夏秋两季盛产。福建有着得天独厚的地理优势，千百年来家家户户吃鲈鱼，自然对鲈鱼的做法颇有研究。做菊花鲈鱼所需要的食材有鲈鱼、芥蓝和番茄酱，配料十分简单，但是这道菜对于厨师的刀工要求极高。单看那形如菊花的摆盘就知道，精湛的刀工是少不了的。

菊花鲈鱼的刀工技艺，首先体现在去鳞和剔骨上，而且将鱼剁掉头尾、去鳞、剔骨后，仍要保持鱼肉的完整。完成上述工作后，将鱼肉洗净，剖成整齐的两片，在鱼肉面上用直刀剞上刀花，做出菊花状的生坯，按照这种方法将鱼切成10块菊花，用干淀粉抓匀，下油锅炸2分钟，待鱼块卷成菊花形时，用漏勺轻轻捞起，沥干油盛入盘中。菊花造型基本完成后，再把洗干净的芥蓝叶剪成菊花叶的形状，入沸水氽熟，取出摆入盘中作为配饰。往肉汤中兑入精盐、香醋、白糖和番茄酱，调成卤汁，倒入油锅中加热勾芡，起锅淋于菊花鲈鱼之上，此时，出现在眼前的便是一朵朵绽放的"菊花"。

我跟朋友相约到首山路上的醉得意饭店吃饭，到店里时已经过了中午的饭点，遂点了一道菊花鲈鱼和另外几道菜。初见菊花鲈鱼时，便被它完美独特的造型所吸引。只见圆形盘子上精致地摆放着几朵金灿灿的"菊花"，在暖色灯光下，完全看不出是鱼肉制成的。我带着好奇心，夹起一朵"菊花"，只是咬下一个花瓣，味觉便被迅速打开了。鲈鱼的鲜嫩、芥蓝的清香、番茄酱的酸甜爽口的感觉让人欲罢不能。我竖起了大拇指，菊花鲈鱼不愧是经典菜品。

菊花鲈鱼在秋季最受欢迎。鲈鱼本身性温，秋季吃鲈鱼有补足中气、滋阴开胃的功效。我们坐在窗前，桌上的菊花鲈鱼美味无双，让人赏心悦目，金灿灿的颜色仿佛在告诉我们，收获的季节已经来临。在这个秋高气爽的日子里，吃一口菊花鲈鱼，便能感受到老福州人的幸福生活，心中的欢喜也犹如菊花般肆意绽放。

> **宴遇（爱琴海店）**
> 地址　仓山区浦上大道198号爱琴海购物中心4层
> 电话　0591-83211117

扳指干贝

黄白相间，素雅美观

　　福州盛产海鲜、河鲜、湖鲜，扇贝尤多。来到福州，有一道名菜不可不尝，那就是"扳指干贝"。干贝是扇贝的干制品，古人曾曰："食（干贝）后三日，犹觉鸡虾乏味。"可见干贝的鲜美程度非同一般。干贝烹饪后质白如玉，清新素雅，口感鲜嫩柔润，富有韧性，味道清淡芳香。干贝富含蛋白质，其蛋白质含量是鸡肉、牛肉、鲜对虾的3倍，它的矿物质含量也远在鱼翅、燕窝之上。

　　扳指，原本是戴在拇指上的玉石指环，是一种短的管状饰物，清代时期，满族男子将其套在右手大拇指上，用于装饰和彰显地位。起初，满族的八旗子弟在20岁之前要到本旗弓房练习拉弓，拉弓时佩戴一枚扳指，可以保护手指不被弓弦伤害，并减少手指运动量。正因为扳指具有特殊用途，所以八旗子弟对其甚为重视，无论贫富，人手一枚。后来扳指渐渐演变成装饰物，穷人戴犀角、驼骨扳指，富人戴象牙、水晶、玉、翡翠、碧玺等名贵扳指。大多数普通旗人佩戴的扳指是由白玉和黄玉磨制而成的。清初,八旗兵取得天下之后,清廷采取了"居重驭轻,重点配置"的政策。清顺治年间,八旗大军进驻福州,设置福州将军府;康熙年间,八旗大军又平复了靖南王耿精忠的反清队伍;到了乾隆年间,福州设立"满洲营",连带家眷有数千人进驻,他们将满洲八旗文化带到了福州,当然也包括了满族人的"扳指"文化。

"扳指干贝"这道菜得名于其外形。先用萝卜做一个白色圆筒(形若白玉扳指),再在圆筒中填上一粒黄色干贝,黄白相间,素雅美观。这道菜在当时深受八旗子弟的喜爱,并得名"扳指干贝"。

宴遇是福州比较有名的一家饭店,以闽菜系为主。"扳指干贝"算是这家店的经典菜品。饭店里很安静,食客们都在认真地品味着佳肴,神色专注,心无旁骛。扳指干贝刚一端上来,我便被它的摆盘造型所吸引,白萝卜配金黄的干贝引人垂涎。

我以前吃过很多种干贝制成的菜肴,但如此赏心悦目的扳指配干贝,却是第一次品尝。轻轻夹起一块扳指干贝,放入口中的第一感觉就是:鲜美!这是一种源于自然的鲜,无论是白萝卜的鲜爽,还是干贝的鲜味,都能够挑动味觉神经,细细品味,后味润滑,丝毫没有平时吃萝卜的呛口感。

闽菜素来以山珍海味而著称,所烹之佳肴色、香、味、形俱佳,其中扳指干贝尤以"香"和"味"见长。虽然这道菜所用的食材只有白萝卜和干贝两样,但是其制作过程极考验厨师的耐心和审美。将白萝卜去皮洗净,切成段,用一个小小的圆形薄铁套截取萝卜,制成若干个萝卜柱,再用更小的圆形薄铁筒贯穿萝卜柱,去掉萝卜芯。这样,一个晶莹剔透的"扳指"就做出来了。在每个"扳指"中间均匀地填入一粒干贝,之后扣入碗中,均匀地浇上干贝汁,放入蒸屉中用旺火蒸。随后将制好的扳指干贝扣入汤盘之中,同时在热炒锅中倒入干贝汁和蒸汁,加简单的调味品煮沸,起锅后缓缓地将汁浇在汤盘中的扳指干贝上。浇汁遇到雪白的萝卜和金黄的干贝,就像是一束金色阳光照到白皑皑的雪地上,美不胜收。

面对这道美食,我不禁由衷赞叹,这果真是一道既美味又营养的佳肴,精巧别致又夺人眼目。扳指干贝天然名贵,经百年传承,历久弥新,日后定能获得更多人的垂爱。

寻味福州

舌尖上的福州

地址　仓山区农林大学昌融学生街内

电话　15880116763

福州鱼面
百吃不厌的上乘佳肴

每回看到"布衣不掩国色"这句话时，我都会回想起小时候在野地里追寻摇曳的春花，以及那看起来十分简朴的农家美味，它们根植于我的脑海深处，成了甜过初恋的记忆。

福州虽然海产丰富，但令外地游客印象最深的，往往不是那些知名而司空见惯的海鲜大餐，反而是一些名不见经传的风味小吃，而福州鱼面定是榜上有名的。白瑞雪写道："那小小的一碟菜里，吃得出食物本来的味儿，吃得出天地生养万物竞发。包含在简单食物里的海洋与土地的气息，是人之来处，也是人终将所往。"简单、质朴其实才是美食的根本。我读《射雕英雄传》，最喜欢看机敏的黄蓉给洪七公做的各色菜肴，比如"好逑汤"和"二十四桥明月夜"。我想，真正打动洪七公的，不是动听的菜名，不是贵重的食材，而是黄蓉将食材的原味做了出来。在我看来，老福州人定是深谙此理，才做出了这味道天然质朴的鱼面。

福州的鱼面也叫捶鱼，相传已有1000年的历史，在古代就受到了众多文人雅士的青睐。据说，福州原有一富人回乡走访亲戚，打算用鱼作为礼物，但是害怕半道上鱼肉变质，便想了个办法，即把鱼的皮和骨头去掉，配以红薯粉将鱼捣成泥，然后做成面条状，蒸熟、晒干，这就是捶鱼的来历。又因捶鱼富含人体所需的蛋白质、钙等多种营养元素，对人体十分有益，而且味道极其鲜美，在明朝时期，捶鱼就被地方官当作贡品向朝廷进贡了。

在旅途中，热情好客的当地朋友邀请我去舌尖上的福州吃鱼面，朋友说，这家小店做的是连江正宗鱼面，从早到晚都有慕名而来的食客，他们不求其他，只为一品鱼面。带着期待的心情，我跟着朋友进了这家店，找到一张古色古香且一尘不染的方桌坐了下来，热情的老板立马上前摆好杯碟碗筷，忙活的过程中还与其他老顾客问候交谈。不消片刻，一碗热腾腾的鱼面就端了上来。手艺娴熟的老师傅为了提高鱼面的新鲜度，采用了花蛤精熬而成的汤底，花蛤的精华全部融入鱼汤，抿上一小口，那股沁入心脾的鲜美，足以撼动身体里的每个细胞。

朋友一边吃面，一边向我讲述关于福州鱼面的知识，让我增长了不少见识。听他说，在当地，家家户户都会做鱼面。五六十年前，黄鱼的价格十分低廉，而它的肉质又白嫩爽滑，所以那时候连江人做鱼面采用的都是黄鱼。如今，天然的黄鱼已经十分稀缺，为了降低成本和更大范围地服务大众，店家便改用了其他鱼肉。现在的鱼面多以鲜鱼和红薯粉为主要原料，制作方法也从手工改成机器加工。机器加工虽然方便，产量也多了，但是制作出来的鱼面不如手工擀出的鱼面好吃。手工鱼面薄如纸，呈现半透明状，而且富有韧性，风味十足。

不过，我们来的这家店的鱼面仍然选用了新鲜的黄鱼作为原材料，食材色白质细。制作鱼面时，需要进行一系列烦琐的准备工作，要经过刮鳞、去皮、剔刺等步骤，才能刮取出黄鱼的鱼肉。然后把红薯粉均匀地撒在案板和鱼片上，再用小木槌将鱼片轻轻地拍打至薄片，将薄片切成面条状就可以下锅烹煮了。这种现做的鱼面新鲜，鱼香扑鼻，味鲜爽口，柔滑筋道。

原本我以为鱼面就是面条里搭配几片鱼肉，鱼肉只是用来提鲜而已，直到把一碗鱼面吃到最后，我才知道这天下闻名的福州鱼面并不是用小麦粉做成的面条，而是一碗纯粹用鱼肉做成的面条，吃起来仍然是鱼的味道。朋友听了我的想法，忍不住笑道："你说的那种加鱼肉的面条，叫鱼汤面，可不是鱼面哦。"

从饭店里吃完出来，我在路边的副食店里看见了一堆堆用红纸包好的干鱼面，朋友说这种干鱼面携带方便，可以买一些回去，赠予亲朋好友。我想，在福州这个风雅的城市，当年那些闲儒逸士结伴出游，或野外小酌，或清明祭祀，或端午竞舟，或中秋赏月……定常以烹食鱼面为雅趣。品尝鱼面确为一件乐事，那令人叹为观止的制作工艺，那无比鲜美的味道，足以令人感叹天然质朴的可贵，一试便不能忘怀了。

> **百饼园饼庄**
> 地址　仓山区齐安村吴厝头1-1号
> 电话　0591-83582543

仓山区　从口到心，感悟美食

洋酥
挡不住的诱惑

　　福州的特色糕点种类繁多，有名儿的，没名儿的，数不胜数。它的特色糕点——洋酥，是人人都知道，人人都爱吃的名品。洋酥是福州的特产，一般用牛皮纸包装，仅是外表就透露出一种传统的风味，蕴含着一股榕城的气息。

　　它的卖相一般，外形和河南开封的花生酥一样。别看它长得普通，吃起来却酥、松、香、甜且不粘牙，入口即化。吃过之后，那花生的香味久久萦绕于舌尖，牵动着你的味蕾，让你欲罢不能。

　　洋酥在福州几乎无处不在，在大多数的特产商店都可以买到。做洋酥的每一个细节都体现着福州人的精致与细腻。洋酥以精选的花生仁为主料，以白糖、饴糖、麦芽、食用油、盐、水等为辅料，经过熬糖、拔糖、垫花生面等工序后，用刀切成形。正因为这些复杂的工序，才成就了美味无比的洋酥。

　　说起洋酥，就不得不提福州的百饼园饼庄。在福州人心目中，洋酥就是

117

儿时的味道，也是福州游子的乡愁。对于来福州旅游的外地游客，到百饼园饼庄品尝洋酥，几乎是必备行程。食客们宁愿在百饼园饼庄排队等候，也不想错过地道的洋酥。

在仓山区的百饼园饼庄分店里，顾客专心地选择自己喜爱的糕点。我这一趟是专程奔着洋酥来的，一看见橱窗里码得整整齐齐的洋酥，心里不由得有些激动。跟店员闲聊时，她告诉了我百饼园饼庄制作洋酥的工序。先把少许花生撒在墩子上，用大锤碾碎铺底，这样做可避免糖稀粘在墩子上面。然后在锅里放水，加糖熬制糖稀，一直熬到发棕色再关小火，并放入花生。需要注意的是，糖与花生的比例要掌握好，不然会影响洋酥的疏松度和口感。将花生和糖稀充分混合，倒在铺了底的墩子上，弄成团状，用大锤子把花生团一锤一锤地砸实，反复弄成团状，尽量把花生砸匀、砸碎。趁糖稀还没凉，把花生糖稀拉长，然后切开。洋酥放凉之后会更加疏松、香甜爽口。

洋酥蕴含着的不仅是传统的美食工艺，还有福州人的认真执着。吃着甜甜的洋酥，一瞬间仿佛自己已和这座城市融为一体，顿觉这座城市是那么美，那么甜。

> **依幼鱼丸**
>
> 地址　仓山区观井路139号
> 　　　聚龙明珠A区
> 电话　15959029169

依幼鱼丸
无鱼丸不成席

仓山区　从口到心，感悟美食

　　鱼丸是福州的美食代表，在福州是家家户户必备的食物。有古诗曰："点点星斗布空稀，玉露甘香游客迷。南疆虽有千秋饮，难得七星沁诗脾。"说的就是福建的特色食品——七星鱼丸。台湾同胞也有一句口头禅："鱼丸，燕丸，扁肉燕，男女老少吃不厌。"赞叹的全是福州美食的精致和鲜味。由此可见，鱼丸在福建甚至海峡两岸的影响力是极大的。

　　鱼丸是福州人喜爱的美食，但鱼丸刚开始出现的时候，正式宴席上是没有这道菜的，它只是百姓的家常菜。到了后来，鱼丸逐步改良，慢慢变得精致，口味更加鲜香，大户人家的宴席上也开始有了鱼丸这道菜肴，最后发展为"无鱼丸不成席"的风俗。

　　鱼丸的来历甚古。根据野史的记录，秦始皇好吃鱼，他一统天下做了皇帝后，每餐必须有鱼，但鱼肉中又不能有刺，如果发现有鱼刺，他就立刻赐死厨师，好几个厨师为此丧命。而厨师在炖鱼和烧鱼肉汤时，为避咒骂秦始皇"粉身碎骨"之嫌，也不敢用刀把鱼刺鱼骨剁碎。为此，整个御膳房人心惶惶，不得安宁。某天，一位厨师负责制作御膳，他见到鱼直发怵，绞尽脑汁也想不出怎么做鱼。眼看就要到上菜的时间，他心急如焚，又束手无策，就用菜刀背猛砸鱼肉发泄情绪。一下两下，他惊奇地发现，鱼刺鱼骨竟主动露了出来，而鱼肉已经被砸成了鱼蓉。正在这时，宫中传膳了，厨师急中生智，拣出鱼刺、鱼骨，顺手将鱼蓉捏成丸子，不假思索地将丸子投入已烧沸的豹胎汤中，氽成了鱼丸子汤。过了一会儿，一个个色泽洁白、柔软晶亮、口感鲜嫩的鱼丸便浮出了汤面。鱼丸呈上后，秦始皇一尝，极为满意，下令赏厨师。此后，这种做法从宫廷渐渐传到民间，被称为"氽鱼丸"，也就是现在的鱼丸。

福州鱼丸是福州人最常吃的小吃，最有特色的鱼丸是包馅的。过去在福州，潭尾街的合发鱼丸比较有名，1949年后福州人依幼在吉祥山开设鱼丸店，以机器制作鱼丸，慢慢发展成为鱼丸生产领域的佼佼者。依幼鱼丸的特点是以鱼肉和精粉加工成外皮，然后在里面放各种肉馅，鱼丸皮薄而富有弹性，肉馅多并带鲜汁，味道极为鲜美。早在1956年的福州地方工业名牌产品展览会上，依幼鱼丸就广受好评，被福州市政府授予"名牌产品"的称号。

福州观井路上有一家名叫"依幼鱼丸"的店，这家店做的鱼丸用的都是真材实料，因此店里总是顾客盈门。我听老福州人讲，依幼鱼丸用的是新

鲜的黄鳗，制作时将其剔骨、洗净、去皮，然后将剔净的鱼肉放在砧板上，用刀剁成鱼蓉，盛入瓷钵中，不断搅打，将鱼蓉搅打成鱼胶，加入盐、水进行调和，再次搅打使之半浮于水中，最后加入福州本地的干番薯粉，拌成糊状，搅打后做皮包馅，便成了一个个丸子。

现在，鱼丸除了是席面上的必备之物，在日常的生活中也很常见。在家里熬汤、做火锅时，很多人都会将好吃又入味的鱼丸作为一种必备的食材加进去。当鱼丸在滚滚浓汤中翻腾时，从层层雾气中可以闻到鱼丸富有层次感的香味。

我去的这家依幼鱼丸店，鱼丸汤做得十分正宗，一碗汤端上来，鱼丸浮在上面，色泽洁白、柔软晶亮，尝之鲜嫩而有韧性。一个小小的鱼丸，传承着古老的鱼丸工艺，又凝聚着地地道道的福州风味，仿佛所有的美好都藏在这一碗鱼丸汤中，食后令人回味无穷。

晋安区
食在舌尖,美上心头 >>>>>

山中有平原,水中有青山,榕树、柳杉、青山、黛石,美景佳肴点缀着晋安人的优游浪漫。生活蕴佳意,处处皆风光,这便是晋安的魅力所在。

> **江南糕点**
> 地址　晋安区商圈长乐北路133号
> 电话　15879461318

蒜蓉枝
绵甜酥脆的千千结

　　据福州的朋友说，逢年过节，福州人最爱吃蒜蓉枝，这可是福州人过年零食"老三样"中的一样。我听了"蒜蓉枝"三个字，忍不住皱眉，难道是吃烤肉时用的"蒜蓉汁"？福州人为什么喜欢把这种调料当作零食？朋友笑着说，理由很简单，就因为四个字：香、脆、甜、爽。

　　我听了恍然大悟，原来此"蒜蓉枝"非彼"蒜蓉汁"，是我孤陋寡闻了。对于蒜蓉枝，我只闻其名，未曾尝过，既然来到福州，无论如何都不能错过这样的美食。

　　蒜蓉枝实际上是厦门特产，在漳州叫"索仔条"，在泉州叫"牛索条"，在福州又叫"火把"。据朋友说，几乎每个福州人都有关于蒜蓉枝的儿时记忆——一口酥脆，一口浓郁的蒜香味，这就是儿时的味道。各大节日几乎都少不了它。

　　蒜蓉枝最早是节日里的供品，后来逐渐演变成福州人桌上的茶点。它形似麻花，却比麻花更小巧精致；它的口感类似饼干，却比饼干更加酥脆鲜香。一个蒜蓉枝，一杯浓茶，加上家长里短，就构成了福州人节日生活的一部分。

说起蒜蓉枝,还有一个跟爱情有关的故事。相传,宋政和元年(1111年)的七夕夜,风流皇帝宋徽宗专程到青楼去与京城的名妓李师师相会,李师师深受感动,便让厨子炸了一盘"拧枝果"来供奉牛郎织女。所谓的"拧枝果",便是用面粉和糖糅合在一起,然后在滚油中炸成的食品。李师师祈求牛郎织女保佑她和宋徽宗能像"拧枝果"一样甜甜蜜蜜、永不分离,并打算从良随宋徽宗入宫。后来,李师师的"爱情信物"——"拧枝果"流传到了民间,并因李师师打算从良而改名为"算良枝"。这种小茶点经过不断改良,传至清初时,人们在"算良枝"的外表镀上了一层白色的糖霜和蒜蓉,并将其更名为"蒜蓉枝"。

如今,每逢七夕节,市面上出售的蒜蓉枝便大受青年男女的欢迎,因"蒜蓉枝"是以"8"的形状缠绕成麻绳状的,表示牛郎与织女相爱永不分离。因此,年轻人在七夕这天买"蒜蓉枝",寄愿婚姻或爱情甜蜜、幸福、美满。

我找到"江南糕点"这家卖蒜蓉枝的店面,刚踏入店内,一阵蒜香味便迎面扑来,当时一锅金黄的蒜蓉枝刚刚出炉。一个个辫子状的蒜蓉枝金灿灿的,外面还裹着一层"白霜",让人禁不住想流口水。老板娘正坐在外厨的案前制作蒜蓉枝,我出于好奇,便站在旁边细看。她将面粉、苏打粉、油、水按比例混在一起搅拌揉透,面块变得光滑时搓成团,放置一段时间,然后在面团上撒些面粉,再将面团分成一个个剂子,各搓成长约60厘米的长条,每条的两端向相反的方向搓,卷曲之后两头对折,绞成辫子的形状。此时,油锅里的油已烧至五成热,她将辫子状的长条面放入锅内,边炸边用漏勺搅动。一口大锅可以同时炸百余条长面条。等整条面炸成金黄色后,就可以捞起来了。

我看到这里,恍然说道:"原来这是炸麻花啊,不过你们福州人把它叫作蒜蓉枝,倒比麻花的名字更好听。"老板娘笑道:"不一样的,蒜蓉枝跟麻花不同。"说着,她把炒

锅置于小火上，加入油和糖，熬出糖浆，再将事先搅好的蒜泥和葱花缓慢倒入锅中，一股浓浓的蒜香扑鼻而来。然后倒入炸好的"麻花"，让它在糖蒜蓉里均匀翻滚，使其表面裹上一层"白霜"。裹上糖衣之后，蒜蓉枝就做好了。

后面这些工序，我这个外地人看得目瞪口呆，频频点头，暗忖：福州人追求口味新奇和尽善尽美，连一道麻花都能炒出蒜蓉味，这蒜蓉枝也果真不负闽菜名点的美誉。

我尝了一份甜咸味的蒜蓉枝，口感酥脆，咸中带甜，葱油加蒜香的味道十分诱人。咬下去"嚓"的一声，无比爽脆。糖霜在嘴里融化，香气涌入嘴巴，越嚼越美味。我边吃边说："吃麻花何必再上天津，福州的蒜蓉枝便可解馋了。"老板娘见我喜欢吃，也高兴地说："我们店里做的是老福州地道的蒜蓉枝，经过多道工序，才能做出独特的香脆口味来。以前有位老华侨吃了蒜蓉枝，就说有了回家的感觉。"

这是一个阴雨绵绵的午后，我吃着地道的蒜蓉枝，喝着淡茶，听着轻音乐，跟朋友一边闲聊，一边欣赏着雨中的街景，惬意悠闲，真是别有一番滋味。

> **鼎日有肉松老铺（洋下店）**
> 地址　晋安区六一北路77号洋下新村万嘉生鲜超市出口第三间
> 电话　0591-63132273

晋安区 食在舌尖，美上心头

鼎日有油酥肉松
苦日子里的家乡味儿

"才过西郊橄榄风，枇杷欲老荔枝红。小楼夜雨烹牛脍，花巷青帘卖肉绒。"这是近代著名诗人沈轶刘对福州特产肉松的赞誉。"肉绒"是肉松的别称。近代海军名将萨镇冰也曾手书一联"酥制肉绒福建第一，宝鼎老牌名震全球"。许多文史资料，如《垂涎录》《八闽掌故大全》《中国土特名产辞典》《福州旅行指南》等书中，也都记载了福建的肉松。

据我所知，"鼎日有肉松"是福州最有名的肉松，它于1856年由被誉为"中国肉松第一人"的林振光发明创制。林振光别号"鼎鼎"，从小父母双亡，家境贫寒，十几岁就只身到福州谋生，先在光禄坊一家菜馆学艺，后又到光禄坊刘步溪府中当家厨。清咸丰六年（1856年），刘府大宅宴请宾客，由林鼎鼎掌勺。当他煮一块猪肉时，不留神煮过了头，猪肉煮得又烂又糊,实在端不上桌。林鼎鼎心里着急,试着将煮得烂糊的猪肉的油、筋、膜剔掉,之后又重新倒进锅中,加上酱油等调料,焙成条状的肉绒。起锅后,林鼎鼎尝了一下,就硬着头皮端了出去。没想到,客人尝过这道新奇的肉绒后大加赞赏,觉得味道可口,外形别致,以前也不曾见过,就问林鼎鼎这道菜叫什么,林鼎鼎见盘中一团团绒状的猪肉,就随口答道:"是我做的肉绒。"

自此以后,林鼎鼎继续尝试制作肉绒,并不断调整配料和加工方法,不久就制成"油酥肉绒",风靡福州的三坊七巷。地方官将林氏制作的肉松进贡到宫中,也赠送给京中官员品尝。宫中贵妃食后问:"还有肉松吗?"内侍回答道:"有林鼎鼎在,日日有!"就这样,"鼎日有"就广为流传,许多达官贵人纷纷慕名前来品尝。

林鼎鼎见此情景,干脆辞去厨师一职,开设自己的肉松作坊。可取店名却让他发愁,后来他想:"鼎日有"已经名声在外,何不就挂这招牌?后来,林鼎鼎为了与江苏的太仓肉松相区别,便称自己做的肉松为"鼎日有福建肉松"。光绪十六年(1890年),林鼎鼎正式在福州光禄坊早题巷开了一家肉松店铺,才子刘步溪为店铺题匾"鼎日有肉绒栈在此"。从此以后,"鼎日有肉松"就名声大噪,享誉各地。2008年,鼎日有肉松被评为"福建省非物质文化遗产"。

如今,鼎日有肉松生产袋装的成品,在福州的大小超市均有售卖。我每次到福州旅行,鼎日有肉松是必备的伴手礼。它颗粒均匀,质地酥软,入口即化,而且富含大量蛋白质,脂肪含量低,营养丰富,特别适合儿童和老年人食用,买回去赠予家人和朋友,是不错的选择。

当然,福州当地也有许多现场制作和售卖肉松的店,虽说得排队,但能吃上一口松酥细腻而且略带温热的肉松,那种唇齿留香的感觉,就足以让人忘却排队的烦恼并回味无穷。

食锦斋

地址　晋安区塔头路332号
　　　（原锅炉厂对面）
电话　0591-87515500

晋安区　食在舌尖，美上心头

清炒芥菜
观之悦目，食之解腻

福州人喜欢清淡，尽管大部分荤菜口味都不重，但是吃多了还是会觉得有点腻。我将注意力转向福州的素菜，想找一些既解腻又解馋的菜肴，于是发现了清炒芥菜。

福州素菜大多以面筋、豆腐皮、豆腐筋、冬笋、香菇、木耳等植物性食物为原料，加工方法巧妙，烹制有方，味道很不错。福州有许多寺庙都经营素菜，其中鼓山涌泉寺的素菜最为有名，有"南海金莲""半月沉江""石鼓三鲜""涌泉三丝"等30多种，而清炒芥菜也是其中之一。

寺庙乃佛门圣地，我等"凡夫俗子"不敢随意叨扰，于是选择了另外一家做素菜的饭店尝鲜解馋。食锦斋素菜的口感和品质在福州是数一数二的，于是我约了朋友前往，专门点了一道清炒芥菜。福州人对芥菜情有独钟，在年节的家宴里也必做清炒芥菜这一道素菜，因为吃过油腻食物，吃芥菜可以解油腻，清口味。老福州人还有一句俗语："常将有日思无日，莫把无时当有时。"吃清炒芥菜的时候，就有一种忆苦思甜、居安思危的感受。

　　福州夏季炎热，蚊虫较多，吃清炒芥菜不仅有提神醒脑、解除疲劳的作用，还能解毒消肿，抗感染和预防疾病的发生。芥菜里面富含人体所需的维生素和抗坏血酸，能增加大脑的氧含量，因而也特别适合老年人食用。

　　我们选择的这家食锦斋基本以素食为主，在这里没有吃不到的福州特色素菜。店里悠扬的音乐让人在品尝素菜时心灵也沉静下来。我很喜欢这里的气氛，好吃可口的饭菜，配上安适惬意的环境，让人有一种轻松的感觉。

　　清炒芥菜的做法十分简单，跟家常菜的炒法是一样的。先把芥菜洗净，然后将茎和叶分开。在炒锅中倒入油加热，放葱末儿和蒜末儿，然后放芥菜的茎，煸炒一会儿再放叶子，最后加一些盐就可以出锅了。做好的芥菜色泽油亮鲜绿，十分诱人。蒜末儿的香味加上芥菜的清香，特别能勾起人的食欲。

　　我一边吃着清香四溢的可口芥菜，一边听着悠扬的音乐，身心无比舒缓。此番食用素菜的经历，让我领悟到：寻觅美食之旅不光能找到美食本身，还能在寻觅的过程中，享受美食给我们带来的心灵体验。

旺达小吃店

地址　晋安区温泉支路62号（金业大厦一层）
电话　0757-25669899

晋安区　食在舌尖，美上心头

太极芋泥
外冷内热最香甜

翻开一本唐人诗集，读到诗人王维赞美芋头的诗句"香饭青菰米，嘉蔬紫芋羹"，便让我想起了福州著名的"太极芋泥"。这是一种传统的闽菜甜食，被中国烹饪协会认定为"中华名小吃"。这趟来福州旅行，太极芋泥也在我要寻访的美食清单中，便跟朋友约好，去找一家能吃到芋泥的小店，好好品一品这道美味。

福州人的口味偏甜，芋泥作为甜品的代表，历来是当地人盘中的常客。在福州，每逢设宴，筵席上多有太极芋泥。传说这道美食的起源还与戚家军有关。有一年中秋节前夕，戚家军大胜倭寇，于是就依山扎营，进行休整，准备庆贺胜利并且欢度佳节，而狡猾的倭寇却趁此机会把军营团团围住，企图困死戚家军。戚家军断粮之后，只好挖野菜、剥树皮来充饥，野菜吃光了，就挖野芋头吃。因为没有经过加工处理，野芋头又麻又硬，十分难吃，后来伙夫便以蒸代煮，把野芋头蒸得烂熟，吃起来香软又容易下咽。就这样，野菜和野芋头帮助戚家军渡过了难关，最终击败倭寇。而这个蒸野芋头

131

的吃法传到民间后,经过名厨们的不断改进,被制成了各种口味的芋泥,太极芋泥便是其中之一。

　　清道光十九年(1839年),福州人林则徐作为钦差大臣到广州禁烟,英、德、美、俄等国的领事为了奚落中国官员,特备了西餐凉席"招待"林则徐,企图让他在吃冰激凌时出糗。事后,林则徐也设了一道丰盛的筵席"回敬"这些外国领事。几道凉菜过后,来了一盘颜色暗灰发亮、深褐又光滑的东西,看似两条鱼横卧其中,既不冒热气,也没有任何香味,犹如一道冷菜。一个外国领事拿起勺子舀了一下,往嘴里一送,顿时烫得两眼发直,想吐都来不及,而这时另外一边发出了"吱"的声音,只见另一个领事的嘴唇也烫出了一圈红红的"花边"。其他客人都惊呆了,便不敢轻易尝试这道菜。这时,林则徐气定神闲地站起来,隆重介绍说:"这是中国福建的名菜,叫作太极芋泥。"

　　从此,这道源自福州、看似凉爽却十分烫嘴的甜食便流行起来,并名噪四方。我听朋友说到这里,忍不住问,为什么芋泥看着不烫,吃着却烫嘴呢?朋友告诉我,实际上是因为一道烹饪工序:将芋泥蒸熟之后,在上面淋上一层熟猪油,这样便能将热气封住,热气冒不出来,所以它看似凉菜,实则吃着烫嘴。

　　如今在福州的餐馆几乎都能吃到芋泥。我们去的这家旺达小吃店,中午饭点的时候里里外外座无虚席,我们排了好长时间的队才有座位。点的几道菜陆陆续续上齐,我心心念念、期盼已久的芋泥被作为压轴菜端了上来。这

家店用芋泥搭配红豆沙，使两种食材的界线呈"S"形，再在两边分别安上一颗樱桃，就制成了形象立体的太极图案。芋泥富有光泽，碗里仿佛有两条鲤鱼横卧其中。经厨师加工过的芋泥，果真别有风味。我舀起一勺，迫不及待地放入口中，软糯香甜的口感，让人忍不住想食尽盘中的美味。

这家小店保留了芋泥最传统的做法，变化的只有造型和款式。一道太极芋泥看似简单，实则对做法有着严格的要求，特别是在最后淋熟猪油的步骤上，稍有差池，口感就会大打折扣。此芋泥香郁甜润、细腻可口，称它是闽菜传统甜食的"压轴菜"，绝非溢美之词。

当人们愿意坚守传统的美味，那些传承了几百年的美食便迎来了生机。此时的我，悠闲地坐在小店里品尝着人间美味，仿佛能从这太极芋泥中感受到中国传统的阴阳调和的哲思，脑海中甚至隐约闪过一幅太极图。也许，这就是美食的力量，仅一口美味，便引起无限的遐思。

茶会吃仙

地址	晋安区新店镇西园村西凤路777号农贸市场2楼
电话	0591-28958916

红鲟蒸粉丝

逢年过节添喜庆

都说福州菜是闽菜的代表,而佛跳墙又是福州菜的代表,但我吃过红鲟蒸粉丝后,倒觉得这道正宗、传统的闽菜与福州名菜"佛跳墙"难分高下。逢年过节,红鲟蒸粉丝就是一道必会出现在餐桌上的海鲜菜,吃红鲟蒸粉丝已然成为福州人欢度佳节的一种习俗。

这道菜的主角是大名鼎鼎的红鲟,又叫青蟹。它肉质鲜美,营养丰富,兼有滋补强身的功效。特别是即将产卵的雌蟹,体内会分泌红色或者黄色的蟹黄,这种蟹在中国南方叫作"膏蟹",有"海上人参"之称。它盛产于温暖的浅海中,主要分布在东南沿海等地。与它搭配的是常见的红薯粉丝,有了这两样东西,这道菜的主要材料就基本齐全了。此外,这道菜还会用到一些特殊的配料和调料。

我是偶然间发现这道菜的,更准确地说,我是闻着味儿寻到这道菜的。有一次,我和朋友经过一家店时闻到一阵浓郁的海鲜味,仿佛是一股蟹香我们循着味儿进门，待坐定环顾一圈，就发现了香味的来源——福建名品"红鲟蒸粉丝"。

那时的我很想了解这道菜的做法，于是跟老板软磨硬泡，最终得以进到后厨，目睹了这道菜的做法。做菜的师傅跟我讲，红鲟蒸粉丝做起来其实并不复杂，先将红鲟的壳和肉分离，然后把红薯粉丝泡发，加点调味品拌匀待用。将红鲟肉清洗干净，切成6~8等份，铺在用调料拌好的粉丝上，之后将拆下来的红鲟壳盖到鲟肉上面，放入蒸锅蒸10~15分钟即可。最后，浇上准备好的热油，撒上香葱末儿，鲜美的红鲟蒸粉丝就做好了。

蒸好的红鲟一出锅，阵阵飘香，葱香伴着蟹香，让人闻着味儿就流口水，不然福州人怎么会让它出现在各种宴席上呢？福州人喜欢吃螃蟹，对红鲟更是情有独钟。而我吃这道菜的时候，跟大多数外地食客一样，最爱吃的却是埋在下面的粉丝，因为在烹饪过程中，粉丝充分吸收了红鲟的精华，吃起来无比鲜美，简直可以跟上乘的鱼翅媲美。

我平素脾胃虚寒，春季时容易皮肤过敏，按照医生的叮嘱，总是不敢放开肚皮食用蟹类。这一趟来到福州，纠结了很久，才决定品尝一次这绝佳的美味。

说到吃这道菜的好去处，我毫不犹豫地再次光顾上次吃过的老店"茶会吃仙"。故地重游，百感交集。这家店几乎没有变化，饭点时依旧满客，要

排队等候。这里做的都是地地道道的福州菜，红鲟蒸粉丝的味道尤其浓郁正宗。红鲟经过蒸制，蟹香味完全释放出来。做出来的红鲟壳里还半含肉汁，下面的粉丝经过蒸制和肉汁的浸泡，也熟得刚刚好，软而不渣，口感极佳。

  眼前的红鲟蒸粉丝散发着香味，我迫不及待地把它送入口中。下面的粉丝又软又香，晶莹剔透，十分入味儿。吃了几口红鲟，没觉得脾胃不适，便放下心来。一边吃着地道的美食，一边隔窗望着远处的风景，感觉自己寻觅美食的努力没有被辜负。

> **姐妹炖罐店**
> 地址　晋安区桂香街23号
> 电话　13509361271

福州炖罐
融于汤水的鲜香

　　福州炖罐听起来和广东的煲汤或江西的瓦罐汤相似,但是烹饪方式截然不同。粤式煲汤是直接将容器放在旺火上蒸煮,赣式瓦罐汤是将盛汤的器皿放在一个大缸窑里六面受火慢慢煨,而福州的炖罐则是将汤隔着水蒸气蒸熟,这也算是福州地区做汤的一种特色。

　　福州人爱喝汤,他们对于汤汤水水的喜爱程度已经超出了我的想象。吃个家常便饭也是每人一份炖罐,香煎一条鱼,再炒一盘青菜,要汤、菜、荤三者搭配着,才算是一顿正经饭。有的时候为了养生,晚间甚至只喝一道汤,连荤菜和素菜都省了。就算在宴请宾客的时候,也要有几道汤汤水水的炖罐,就像是用汤罐做出的水席,只喝汤就够了。

　　福州炖罐起初就是一个"小灶",是专为一些需要补身体的人准备的。随着人们对健康饮食越来越重视,炖罐日益普及,并成为备受大众欢迎的美味汤品。在福州,五花八门的炖罐都装在一个大大的蒸桶里保温,随吃随取,任何时候都能吃到热的炖汤。

福州炖罐汤汁醇香，肉质酥烂，而且炖罐的外壁并不会因为长时间的蒸煮而变黑，始终保持着洁净的白色。福州炖罐对食材的选择精益求精，一般要求用没有怪异味道的原始老料，或者一些海味干货等。常用的有老鸡、老鸭、大鹅、鸽子或者鹌鹑等禽类，牛肉、羊肉、猪肉、猪蹄等肉类，猪脑、猪肝、猪心、猪肚、腰花等动物内脏，鱼翅、干贝、鲍鱼等海鲜类，加入一些中草药和菌类蔬菜做配料，用旺火一起炖制，具有强身健体的养生功效。

姐妹炖罐店算是比较老牌的店铺了。朋友开玩笑说，如果进入这家店后只是安静地等着服务员点菜，就算饿到虚脱也是吃不到炖罐的。要想吃到炖罐，一定要主动去"抢"。事实并没有她描述的这么夸张，但这家店的炖罐好像用了某种秘方，吸引了很多食客前来尝鲜。

我们在角落里找了一个位置坐下，发现周围的食客大多选择以牛羊肉为原材料的炖罐，配上当归、丹参和枸杞，满屋子飘散着一股浓郁的香气。朋友说羊肉炖罐很抢手，因为冬天吃羊肉炖罐，不但滋补保健，而且还有保暖的作用，若是往里面加入两片老姜，浑身都能吃得暖洋洋的。

因为太饿了，我们两人一口气要了四个炖罐，即花旗参乌鸡汤、党参猪心汤、冬瓜炖排骨汤和猪脑筒骨汤。这些都是福州炖罐中常见的四种汤，营养丰富，味道平和。据我所知，福州炖罐的主要特点是汤色清亮，所以酱油和香油是万万不能放的。炖罐的炖制比一般的煲汤时间要长。饭店做炖罐，一般早上5点钟就要把小罐整齐地放入蒸桶中，中午12点左右才能做好，做好之后保温就可以了。

炖罐味道的好坏关键在于料酒的好坏，好的料酒可以让汤更加醇香，否则就是浪费了食材。我对炖罐的要求比较高，品尝之前先看一下汤色，再闻一闻香味。我点的花旗参乌鸡汤闻起来有一股淡淡的参味清香，品尝一下，口感异常醇厚，味道中规中矩，虽然没有超出我的预期，但也让我有喝了一口还想再喝的感觉。

朋友是福州本地人，见我喝得小心翼翼，以为我不太习惯炖罐的口味，便告诉我怎么喝这炖罐才口感喷香。她把一罐猪脑筒骨汤和米饭挪到面前，先撇掉筒骨汤上的一层油，然后舀了一勺汤浇到米饭上，再淋上一点生抽，稍稍搅拌，便大口地吃了起来，连小菜都省了。她吃到嘴里还连声赞叹，我惊讶不已，一道如此清古的补汤炖罐竟然被她如此奔放豪迈地吃了。

见她吃得有滋有味，我也顿感食欲大开，学着她的样子喝汤吃饭，再也停不下来。我"强抢豪夺",用冬瓜排骨汤换了她的猪脑筒骨汤,喝完汤之后再吃猪脑,嫩嫩的猪脑像豆腐一样,连闻香味都让人觉得心满意足。吃完这里的炖罐以后,我的好胃口又重新回来了,而炖罐那种醇厚鲜浓的味道,也深深印在我的脑海中,再也挥之不去了。

晋安区

食在舌尖,美上心头

醉得意（商贸城店）

地址　晋安区火车站商贸城1F12号

电话　0591-87576171

醉排骨

香飘四海令人醉

　　醉排骨是福州的一道汉族名菜，它口感酸甜微辣，色泽亮丽鲜艳，味道喷香浓郁，风味独特，深受福州当地人的喜爱。

　　当地朋友告诉我，醉排骨在福州是一道人人都爱的菜，家家户户都会做，而且一上桌很快就会被分食掉。排骨的营养价值很高，含有丰富的蛋白质、维生素和钙，原本就是大家爱吃的肉类食品，做成醉排骨后更能诱人食欲。对于老福州人来说，醉排骨就是当地美食文化的代表。

　　为了一尝醉排骨，我跟随朋友来到了他推荐的店铺。挑挑选选点好了菜，在等待上菜的空闲时光里，同行的另外一位懂得醉排骨做法的朋友，就给我细细地介绍了一遍。因为这道醉排骨是极为家常的菜品，所以做法并不复杂，先将排骨切块，加入苏打、精盐、料酒后搅拌均匀，静置一个晚上，然后将淀粉、酱油、味精等调成粉浆，将排骨在粉浆中挂糊，接下来用旺火烧锅，油七成热时放入排骨，将其炸至表面呈金黄色后捞起。往炒锅放适量油，油五成热时放入荸荠块，再下排骨翻炒，最后倒入调好的料，翻炒至熟即可。

听完他的介绍,我产生了一个疑问:在制作排骨的过程中,除了料酒,并没有加入其他酒精类的调味品,是怎样达到"醉"的效果呢?难道还有"秘籍"?朋友听了我的问题,哈哈一笑,十分耐心地道明原因。原来这道菜用了一种特别的"福州醉法",就是在排骨炸好之后,迅速将调好的料汁与排骨充分拌匀,以便保持排骨的酥脆口感,同时让料汁更入味,为这道菜附上更多的"醉意"。

正说着,我们点的醉排骨上桌了,袅袅的热气从菜品上飘起,香味钻入我的鼻子里,勾起我的食欲,亮丽的色泽也让我食欲大振。夹起一块放在嘴里,味道浓郁且富有层次。入口时先有稍微刺激的酸,过后就是回甘的甜。排骨炸得酥脆,入口即化,冲击着味蕾,让人醉在那无穷无尽的回味之中,果真名不虚传!

不多时,一盘醉排骨就见了底,浓郁的味道却一直停留在口中。其他菜品也具有闽菜特色,十分正宗,一顿饭吃完我意犹未尽。朋友说,正宗的醉排骨色泽亮丽,酸甜扑鼻,制作这道菜也非常考验厨师的功力,尤其是各种调料的比例,还有对火和油的控制,都是经验和阅历的积淀。

在回味醉排骨的过程中,耳边不时飘来几句福州话,这就是醉人的福建风情。工作中的疲惫和倦怠,就在这醉意之中一点点烟消云散。世界这么大,放下负担,回归自然,细细品味生活和人生,这不就是旅行的意义吗?

王庄阿咪大排档（王庄店）

地址　晋安区长福路王庄长福花园
电话　0591-38121717

爆炒双脆

一道清爽小炒

　　福州依山傍海，终年气候温和，雨量充沛，故山区地带林木参天，翠竹遍野。此外，福州的溪流江河纵横交错，沿海地区海岸线漫长，浅海滩辽阔，山珍海味异常富饶，这便为闽菜提供了得天独厚的烹饪资源。

　　正因如此，我总是在寻觅美食的旅途中遇到各种惊喜，福州人创意无穷的佳肴、五花八门的吃法、不同凡响的想象力，都令我大开眼界。有一道闽菜叫"爆炒双脆"，以猪腰和海蜇为主料烹饪而成。敢于用极膻的猪腰搭配味腥的海蜇，巧妙地将二者结合，做出一道佳肴来，足见福州人处理食材的创意和智慧。

　　据说爆炒双脆在福州地区成名已久。古时候，山民在山中猎到野猪，就会用猪下水跟生活在海边的渔民交换食盐和海鲜。渔民们拿到猪下水，除了做海鲜猪肠汤，还尝试将野猪腰子与海鲜搭配，爆炒出各种各样的菜肴。但由于猪腰子膻味重，跟海鲜搭配，很难做出一道可口的美味来。当时的普通百姓日子过得艰苦，对猪腰子弃而不食，就等于是浪费口粮，于是当地人反复研究猪腰子的做法，最后将猪腰和海蜇一齐爆炒，竟然做出了一道味道绝美的佳肴。爆炒双脆不仅美味，而且是滋补良品，因此受到当地百姓的喜爱，后来经过不断改良，这道菜逐渐成为闽菜名品之一。

如今爆炒双脆在福州的闽菜馆中十分常见。我跟朋友约好在晋安区的王庄阿咪大排档见面，一起品尝当地人喜爱的爆炒双脆。我非常好奇，厨师到底用什么方法去除猪腰的膻味和海蜇的腥味，却又能同时保留两种食材的原香和口感？于是想到店里一探究竟。

一进店内，便感受到一股浓浓的福州味，私房菜的韵味尤为明显。上菜时，服务员十分贴心地提示我们，爆炒双脆这道菜必须趁热食用，时间一长，海蜇便会在高温下软化，就缺少了"一脆"。此外，如果菜品搁置时间久了，猪腰的膻味也会泛出来，影响口感。

这道菜一入口，竟然有一种酸甜的味道，细细品嚼之下，猪腰和海蜇的原味渐渐显露出来，脆嫩爽口。两种脆感完美地结合，一种是生脆，一种是清脆，层次分明，给味蕾带来极为奇特的体验。我们趁热吃了一口又一口，果然，猪腰没有一点儿膻味，而海蜇也没有腥味。整道菜给人的感觉是惊艳的，爆炒过后的高温丝毫不影响两种食材的脆嫩口感，让人胃口大开。

朋友说，爆炒双脆之所以能成为闽菜中的名品，是因为它对刀工、火

候都有极高的要求，十分考验厨师的水平，稍有差池就会影响菜品的口感和味道。为了菜品的鲜脆和美观，厨师在处理猪腰的过程中，要求下刀迅速且有节奏感。下刀时需将猪腰切片，并用剞刀法给腰子剞上横竖匀称的细格花，刀刀落底，腰子底部仅保留一层薄底相连，片下的猪腰花纹均匀，片片相同，令人叹为观止。切好的猪腰焯过水后过油，锅中放入由酱油、香醋、糖、盐、胡椒和湿淀粉混合而成的调味汁，然后将猪腰、海蜇头和半熟花菜用旺火快速翻炒，出锅时倒入用油炸馒头片垫底的盘子中即可。

听起来这道菜的做法并不复杂，但我知道，越是简单的菜品越考验厨师的功夫。精细的刀工、丰富的调味，再加上微妙的爆炒，让这爆炒双脆既鲜又脆，而且造型让人赏心悦目，就连铺底的油炸馒头片也香脆可口。

从爆炒双脆就能看出，闽菜的刀工绝不浪费在华而不实的门面功夫上，没有刻意的造作，也不一味地追求外观的艳丽多姿，一切的设计都是为了提升菜品的"味"。只需品尝一口，就能感受到闽菜刀功的出神入化。

龙窑山饮食店

地址　晋安区西凤路站北小学对面

电话　13559188727

晋安区　食在舌尖，美上心头

猪皮酸辣汤

酸而稍甜，甜中带辣

在福州人的饮食观念中，汤品是最能体现出菜肴本味的一种烹饪方法。而且从烹饪与营养角度来看，汤品能确保食材质鲜、味纯、滋补，并能将三种特性紧密联系在一起。因而对于擅长养生和烹饪的福州人来说，闽菜"重汤"是必然的。

汤品在闽菜中的地位十分重要，无论是海鲜汤，还是鸡汤、菜汤，都讲究清爽淡雅。因此，在闽菜中，很难看见油腻腻的大肉汤类，或者勾过芡的黏糊糊的汤品。在我的印象中，福州的汤菜，永远是味道纯美、清甜爽口、色香味俱全的佳品。

午后肚子微饿，跟朋友约好，一块儿去品尝一款当地人常吃的汤品。我一直认为福州人的口味偏淡，做汤时讲究清淡爽口，擅长烹制海味鲜汤，除了猪骨汤，很少用猪肉，因为福州人不喜欢猪肉的油腻。所以当我听朋友说猪皮酸辣汤在福州很流行时，我惊诧不已：猪皮的油性很大，用这种食材做汤，难道不油腻吗？

进了西凤路上的龙窟山饮食店，我先要了一份午后小点心，然后忐忑不安地问服务员是否有猪皮酸辣汤——我实在想品尝一下这种口味独特的鲜汤，但又担心此刻店里没有。服务员笑着点头，而且介绍说猪皮酸辣汤是店里的特色美食，吃过一次便永远难忘。

猪皮酸辣汤端上来时冒着腾腾热气，颜色红艳艳的，我用勺子拨弄了一下，发现汤里有胡萝卜、西红柿、木耳、冬笋等，这才微微放下心来。这几种食材都是我喜欢的，有了这些蔬菜，这道汤应该不会太油腻。朋友劝我趁热尝一尝，放凉了就失去了其中的美味。怀着强烈的好奇，我放开胆子品尝了一口猪皮酸辣汤，没想到尝一下，便又打开了一道闽菜的大门。

猪皮非常筋道，嚼劲十足，木耳清脆，冬笋甘甜，汤中的洋葱去除了猪皮的油腻，所有食材相辅相成，完美地结合在一起。胡椒的运用是这道汤品的点睛之笔，使得汤品酸甜的口感中还带有一丝胡椒的麻辣味，尝起来不仅丝毫没有油腻之感，反而十分爽口。

汤品是闽菜的精华所在，更有"一汤十变"的说法，只是我没有料到，福州人做汤的水平已经达到炉火纯青的地步，竟能将猪皮这种如此油腻的食材做成清爽怡人的汤品。

朋友见我对猪皮酸辣汤十分满意，而且对闽菜的汤类赞不绝口，便进一步向我介绍了福州的"汤文化"。

福州的历史文化独特，汉族文化与少数民族文化的结合碰撞也在福州的美食中得到表现。福州汤菜的烹饪技术既继承了中原汉民的优良传统，又具有浓厚的南国特色。另外，老福州人对美食精益求精，因而钻研出很多让人意想不到的佳肴，各路菜肴百花齐放，百家争鸣，且让人常吃常新，百尝不厌。正因为如此，闽菜所烹饪出来的汤品味道不同于粤菜和江南菜，带有自己浓厚的特色。朋友的一番见解当真让我长了不少知识。

我们向服务员询问了猪皮酸辣汤的做法,这才知道这道汤的做法非常简单,自己在家就能做。首先将新鲜猪皮处理干净,或者使用泡发的干猪皮,然后将黑木耳、胡萝卜、西红柿、洋葱、冬笋等配菜切丝备用,油锅烧热后放入配菜和盐稍微炒香,接着在锅内加水,放入花菜和猪皮煮至翻滚,加入黑椒酸辣汤粉,快煮3分钟后出锅,撒上香菜末儿和白胡椒粉,一道美味的汤就做成了。

服务员告诉我们,如果没有黑椒酸辣汤粉,可用盐、胡椒粉和香醋调配,胡椒粉也可以按照个人的口味进行增减。我一听,这猪皮酸辣汤做起来确实简单,就是不知道要经过多少次尝试,才能掌握做这道汤的诀窍。

猪皮酸辣汤对我而言,是一种全新的尝试,也给我带来了惊喜。更重要的是,这道汤让我对闽菜汤品有了新的认识,也对闽菜的博大精深有了更为真切的体会。

王庄阿咪大排档（王庄店）

地址　晋安区长福路王庄长福花园

电话　0591-38121717

白炒鲜竹蛏

三色相映，风味诱人

"据海天之会，握襟带之薮。"我只身来到连江，听闻这里的滩涂风光绝美得让人忘记按下快门，随意的信手之作也美得像一幅油画。眼前的景色，果然水波潋滟，阳光普照下的滩涂如黄金般耀眼，也为十几位捕蛏人迎来了一天的收成。

福州的蛏子很著名，大街小巷中的饭馆用蛏子作主料，烹饪出一道道鲜香的美食。福州的新鲜蛏子多来自连江县。我去连江的滩涂时，看见十几位捕蛏人，他们的生计依靠这片滩涂里的蛏子。落潮的时候，他们在滩涂中寻找蛏子窝：一手拄着棍子，在滩涂上指指点点，寻找藏得极好的蛏子窝；另一只手则提着一个小篮子，里面放着一小瓶盐。我好奇地看着这些捕蛏人，不明白为什么每个篮子里都放有一瓶盐。经过仔细询问才知道，原来捕蛏人发现蛏子窝之后，就往小洞里放一小勺盐，蛏子会因为受不了盐的刺激，拼命向外拱盐，结果就把自己暴露了，成为捕蛏人的囊中之物。

初夏是蛏子上市的繁忙时节。说起蛏子，连江人不禁啧啧称赞起一道名菜——白炒鲜竹蛏。这道菜是福州汉族的传统菜肴，属于正宗的闽菜系，主要食材是竹蛏。

对于竹蛏，《闽中百一录》早有"似蛏而圆如竹……长者五六寸……大者如蔗"的记载。蛏和蛎、蛤、蚶被誉为我国四大经济贝类，而蛏类中的竹蛏又是其中的上上品，尤为珍贵。相比其他蛏类，竹蛏壳更薄，也更长，略带黄褐色，合抱如竹筒。经过捕蛏人挑选的竹蛏一般个头儿比较大，蛏肉却一点儿也不老，烹制后柔嫩鲜脆，甘滑爽口，老少咸宜。

从连江回到福州城内，我迫不及待地想去品尝一下白炒鲜竹蛏，于是又去了王庄阿咪大排档这家店，在这里吃到的蛏肉不仅丰腴脆嫩，而且鲜美清甜。据说，竹蛏营养丰富，富含多种维生素、矿物质和蛋白质，是养生的佳品。

我在福州吃过白炒鲜竹蛏这道菜后，就一直对白白嫩嫩的竹蛏念念不忘。听说做这道菜时有个小技巧：竹蛏新嫩，焯水只要五成熟就可以下锅，下锅后直接勾芡调味，动作要迅速，不然竹蛏就会变老变硬，失去口感。只要掌握这一点，在家里也可以做出这道菜。我跃跃欲试，希望下次去连江时，自己也可以亲手做一道白炒鲜竹蛏。

食东道食府

地址　晋安区茶园路61号
电话　0591-83253788

芋头番鸭

清清爽爽，汤汤水水

鸭肉是汉族传统食材中的一种。南方天气闷热，吃鸭肉有降火凉血的功效，因此南方人尤其喜欢吃鸭肉，煲鸭汤，制作各种各样的鸭肉美食。但是福建的番鸭可不是普通的家养鸭子，它原产于热带地区，是著名的特禽之一。番鸭的名称较多，在繁殖的季节公鸭身上会散发出一股麝香的气味，因此又得名"麝香鸭"，在欧洲则被称为"火鸡鸭"。这种鸭子的品种传入中国之后，由于耐寒能力比较差，只能在南方地区饲养。番鸭最早主要集中在海南省的加积镇，故又称为"加积鸭"。

相比普通鸭子，番鸭肉质更好，脂肪也更少。它瘦肉多，蛋白质含量丰富，因具有凉补功效而尤其受到女士的喜爱，用番鸭炖汤也成为不少福建女子日常必备的美容健身补汤。在闽菜的制作中，番鸭常与芋头搭配，因为芋头也有很好的食疗作用，它除了对脾胃有好处，还可以调中气，对少食乏力有缓解功效。这两种食材配在一起炖成的汤色味俱佳，营养丰富，乃天作之合。因此，芋头番鸭成为福州极具代表性的一道菜品。

在福州走街串巷多日，在不断发现美味的同时，我也领略到了当地的风土人情，这里既有着传统文化的沉淀，也有着现代商业的繁华。这日在晋安区的茶园路闲逛，逛着逛着，朋友突然一拍脑门，非常激动地告诉我："这里有家店你一定要去！他家的芋头番鸭绝对是一绝！"听朋友如此推荐，时间也恰好临近饭点，我便与朋友一道走进了食东道食府。

一进门我就被惊到了，这里空间极大，楼里楼外，楼上楼下，都摆放着桌椅，顾客来来往往，络绎不绝，十分热闹。最引人注目的是店中间有一个巨大的海鲜池子，想吃海鲜的食客可以直接到池子里捞新鲜的海鲜出来，现杀现吃，完全不用担心食材出问题。

作为这家店的招牌菜，芋头番鸭的点单率非常高。我们入乡随俗，也点了一道芋头番鸭，本以为人多要等很久，没想到只闲聊了一会儿，芋头番鸭就端上来了。据服务员介绍，为了保证最新鲜和美味的食材，老板专门从闽北大山里订购槟榔芋和土番鸭，槟榔芋可是芋头中的上上品，不仅美味，而且营养价值高。

我闻着鸭汤的香气，不禁频频点头。鸭汤味道鲜美，层次感很强，鸭子和芋头的味道都混合其中。调料的味道虽然丰富，但并不会喧宾夺主，使其失去原有的自然味道。鸭子肉质软嫩，口感清爽，芋头仔炖得软烂，把鸭子的汤汁全部吸收，咬一口香气逼人。这样的鸭汤不但美味，而且滋补，单单用鸭汤配上一小碗米饭，也能吃得心满意足。

一顿饭吃得差不多了，端着茶碗小口地品着茶，观赏着店内精美而富有地方特色的装修，感受这里热烈但不喧闹的氛围，默默观察着来往食客的神态和表情，看到他们或因为亲友团聚而喜笑颜开，或因为品尝到了美味而神情满足。如此的环境，如此的美食，幸福将这里每个人包围起来。此刻，食物的意义，我想已经不止于美味了。

长乐区
一箪一瓢里的平安喜乐 >>>>>

长乐久安,坐落东南一隅,飘散着海风与海味混合的芬芳,像一位典雅秀气的深闺女子,温柔含蓄地向每位想接近她、了解她的人展现出独有的风情。

福州空港佰翔花园酒店（SLOW 西餐厅）

地址　长乐区国际机场高速路出口红绿灯处（加油站对面）

电话　0591-28014888

三鲜焖海参

大雅之堂的"压轴戏"

　　我来福州之前，就听说三鲜焖海参是闽菜中登大雅之堂的"压轴戏"，也是闽菜系中非常具有代表性的一道菜品。为什么这样评价呢？这与福州的地理特征大有关系。

　　闽菜的发源地是福州，福州气候稳定，四季如春，有山、有江、有河、有滩、有海，不仅海鲜佳品鱼、虾、螺、蚌、鲟、蚝等常年不绝，而且大山、密林、溪涧野味遍地，盛产茶叶、香菇、竹笋、薏米、鹿、石鳞、河鳗、甲鱼等。《福建通志》里描述福州当地"茶笋山木之饶遍天下""蛙蚶蚌蛤西施舌，人馈甘鲜海味多"，高度赞美闽海的富庶。当地人更是懂得利用这些得天独厚的资源，精挑细选，精心烹制出各种珍馐佳肴。这样一来，福州菜的主要特色就是烹制山珍海味，甚至将肉类与海鲜类组合起来烹调，形成明显有别于其他地方菜系的风味。

三鲜焖海参这道菜，就是用山珍和海味，经过精细的刀工处理和复杂的工序，烹饪成的一道特色美食。"三鲜"是指鲜虾仁、鲜火腿、鲜香菇。这道菜中除了海参，还有鸡胸肉。俗话说"海陆空"汇聚一体，天上飞的野山鸡、地上长的香菇、海里的鲜虾海参，三者融为一体，说的正是这道菜。

三鲜焖海参历史悠久，早在宋代就已经出现用香菇和野山鸡作为配料烹制海参的菜品。到了明清时期，福州地区的商业日益繁荣，长乐等地住着很多豪富商贾，他们对美食的要求日益提高。当地的酒楼饭馆为了招揽大宗生意各显神通，大厨在烹饪技法上争奇斗艳，一代代厨师反复尝试，终于成功创造了三鲜焖海参这道佳肴。这道菜从食材的选用，到刀工雕花，再到配制汤汁调料，都十分考究，而每一位厨师对于用料的处理也都有自己的一套独特的方法，所以三鲜焖海参由不同的人来做，其味道会不同，正所谓千变万化，多姿多彩。

早在为旅行做攻略之时，我就已经对三鲜焖海参这道菜有了极其深刻的印象，与当地朋友聊起时，他说吃三鲜焖海参怎能去街边小店，最佳去处当然是做海鲜的知名大酒店。尽管价格不便宜，但是依然挡不住我对美食的向往。我们来到机场高速路出口附近的福州空港佰翔花园酒店，专为享用三鲜焖海参。这道菜在这家酒店并不是每天都有，需要提前预约确认。我和朋友就是提前两天预约确认好的。

当菜品端上来的时候，我尚未吃一口，就已经被它丰富的用料所吸引。深色发亮的海参、粉白的鲜虾仁、油亮的鸡胸脯，再点缀以火腿末儿和香菇，色、香、味俱佳，独特的鲜香之气让人闻一下都忍不住胃口大开。

细细品尝下来，三鲜焖海参这道菜的味道非常丰富，香菇不但保持了自己的独特风味，而且吸收了肉类和海鲜的鲜味。将海参混着香菇一口吃下去，汁水丰富，肉质细嫩，鲜味十足。这道菜不愧为闽菜中的翘楚，被评为筵席中的"压轴戏"，也实至名归。

饭后我专门询问了这家酒店的厨师这道菜的做法。据他介绍，早先三鲜焖海参是以野山鸡为主要食材的，如今已经换成普通的鸡胸肉，海参和香菇也多选用水发的，比新鲜的食材肉质更厚，而且更有嚼劲。烹饪时先将海参洗净，将鸡胸肉用抹刀的方法切片，腌渍后上浆炒熟，再放入香菇煸炒，加海参后添入高汤，大火烧开改小火至熟烂，加入各种调料，最后放虾仁，撒上熟火腿末儿即可。

这道菜的做法听厨师说起来并不复杂，但我知道这其中的每一道工序都是精细活，调料多加了一点，或者火候控制得不好，都会影响菜品的口感和味道。三鲜焖海参摆在面前，看一眼就觉得清鲜、醇和、清香、不腻，品味起来更是鲜而不油，嫩而不肥，醇香四溢，令人回味无穷。

　　品尝着一道道美味佳肴，感受着当地的风土人情，每次寻觅美食之旅的目标达成后，我的心情总是异常舒爽。越深入了解这片神奇的土地，就越发热爱这里的美食，敬佩当地人的智慧。正所谓"一方水土养一方人"，福州人杰地灵，还有太多太多的美景和美食等待着我去体验，去品味，去感受。

正宗八宝冰饭

地址　长乐区奎桥路32号
电话　15980184351

长乐冰饭
冰冰爽爽好味道

　　长乐区临海，这个美丽多姿、物产丰富的地方，有许多独特的地方美食，令无数食客慕名前往。炎热的夏季，天高海阔，在长乐的大街小巷里，有一种叫冰饭的独特小食，品尝一口便让人神清气爽，欲罢不能。

　　"冰饭"是长乐的一张美食名片，每年夏季，在长乐的街头随处可以见到冰饭的招牌，甚至原先卖烧烤、麻辣烫的摊子也在夏季新增冰饭。有了冰饭，这个酷热的夏季也变得清凉起来。

　　据当地人介绍，冰饭是一道传统的汉族名小吃，也是长乐市一道非常有名的冰镇甜点，它清凉美味，老少皆宜，在夏天的时候尤其受到人们的欢迎和喜爱。如果你是一位初来乍到的游客，热情好客的长乐人会强烈推荐你在长乐机场或者海边等地品尝一碗正宗的冰饭。而在长乐诸多经营冰饭的地方中，奎桥路、漳港街附近店面的冰饭最正宗美味。

　　夏季到长乐旅游，必不可少的行程就是去品尝当地的冰饭。我和朋友来到奎桥路上的冰饭小店"正宗八宝冰饭"，还没到店门口就吓了一跳，食客排起了长长的队，火爆程度令人瞠目结舌。朋友看我一脸惊讶的样子，十分自豪地对我说，就算是吃消夜的时间来，店里也不一定有空位置。尽管如此，大家还是蜂拥而至。店里的服务员十分热情周到，连老板都亲自上阵，忙碌的时候托盘一端就是十几份冰饭。

我们一边排着队闲聊，一边看其他食客吃冰饭，一份冰饭吃下去，人人脸上都露出满足的表情。这里卖得最多的是基础款八宝冰饭，其次是奶茶冰饭和黑米冰饭。这家的冰饭主要原材料是糯米、花生仁、葡萄干以及丰富的新鲜水果，摆盘各异，娇俏诱人，食之清凉可口。在炎炎烈日下，燥热很容易夺去人们的胃口，这时候冰饭就是一个很好的选择。吃一碗不仅解暑止渴，而且能从繁多的水果和果仁中补充营养，吸收夏日的"正能量"。

好不容易等到了座位，我们要了八宝冰饭和黑米冰饭，这两种冰饭据说都口感弹糯、十分美味。朋友还热情推荐了这家店的烧烤，说冰饭配上烧烤又是另一种味觉享受。朋友还说，酷暑时福州人也经常在家里制作冰饭，自己动手，在糯米里加一些果仁和葡萄干就行。也可以依据个人的喜好，添加自己喜欢的东西，比如他就喜欢加枨果之类的食材，虽然味道比不上店里做的，但也冰爽可口，足以消解酷暑的烦热。

说话间，两份冰饭端了上来，我仔细一看，这冰饭的样子有点儿像台湾杂烩饭。我说了自己的看法，朋友摇头笑道："冰饭和杂烩饭的差异太大了，根本就是两种东西。"接着他将冰饭的做法一一说与我听。将糯米煮5分钟后倒出控水，再把沥水后的糯米放回锅中，添上少许香草精，用小火慢熬，不停地搅拌，直至糯米饭黏稠才关火，加上适量糖和黄油搅拌均匀，冷却后添加已经备好的果仁、葡萄干、碎冰，还有切成丁的水果，将所有食材均匀混合就完成了。

我听了连连点头，冰饭的确跟杂烩饭不一样。我迫不及待地舀了一勺放进嘴里。冰凉清爽的冰饭口感有点像其他地方的冰粥，但是回味了一下，又感觉与冰粥有着很大的区别。里面的芋圆口感弹牙，十分有嚼劲。水果的加入增添了独特的香甜清爽。在所有的食材中，我认为糯米是冰饭的灵魂，它既吸收了汤中的甜味，又有着糯米自身的米香味，而且煮的时间恰好，不过分软烂，且嚼劲十足。

这家店的用料很足，能满足食客的不同需求，让他们吃起来饶有趣味。旁边有几桌食客特意让老板多加碎冰，碎冰在嘴里咔嚓咔嚓作响。还有两个女孩要求加入手工打碎的冰粉，我一见那冰粉洁白绵软细腻，便心动不已，让老板额外加了一份。冰粉入口即化，与水果是绝妙的搭配。吃完一碗冰饭，我不得不承认，夏日里甜食与碎冰是一对配合默契的搭档，这样软绵清凉的冰饭给闷热的夏季送来了沁人心脾的清凉和舒爽。

　　在仲夏夜，就着夜晚微凉的夜风，来一碗冰饭，再配上香喷喷的烧烤拼盘，便是长乐人惬意的夏日生活。

　　冰饭，简简单单的一道小吃，却已经成为浸润长乐人骨髓的家乡味道。很多远在他乡的长乐人回来时总要去吃一碗冰饭，于他们而言，那种清爽是铭刻在心里的。配合着香气扑鼻的烧烤，吃一口烧烤，再来一口冰饭，在炎热的夏天，这该是多么美妙的一种享受啊！

> 闽南人家
> 地址　长乐区航华路138号
> 电话　0591-28820780

五香卷
香脆酥鲜，妙不可言

　　闽菜的许多代表菜品都拥有悠久的历史，是福州当地流传下来的汉族特色名吃，而五香卷是其中最受欢迎的菜品之一。逢年过节或遇上婚寿喜庆事，老福州人家家户户必备卤面，配上五香卷。

　　我一到长乐，便被热情的朋友拉去品尝当地美食。我们来的这家饭店名叫"闽南人家"，专做地道的福州特色菜品，其中五香卷是这家店口碑最好的一道菜品，朋友用这种方式欢迎我，让我很感动。

　　在交谈的过程中，朋友向我介绍五香卷这道名吃。它之所以被称为五香卷，主要是因为人们在制作这种小吃的过程中加入了一种特制的五香粉，它包含了酸、甜、苦、辣、咸五种味道，吃起来口感和味道层次丰富，回味无穷。这种美食小吃有很多不同的称呼，在漳州和长乐等地称为"五香卷"，但是在闽南厦门等地称为"鸡卷"。各地对五香卷的叫法不同，因为它的烹饪方法不太一样，而长乐五香卷在其中算是比较有名的。

　　长乐五香卷声名远扬，配料和做法也比较灵活，各家店里用的原料基本相同，只是在配料上有一定差异，因而形成了各具特色的风味。据朋友介绍，我们来的这家店在选材用料上都很讲究。制作时先将猪瘦肉切成小块，加入适量淀粉、葱花、精盐、味精、砂糖、五香粉等,用适量的水调制成馅儿。以豆腐皮为外皮,将馅儿裹成直径约3厘米的长条状"五香生坯",也就是当地人说的"五香条",然后放在五成热的油中炸3~5分钟,炸至金黄色,漂浮在油面上时捞出即可。配上番茄汁或辣椒酱、酸萝卜片,吃起来酸辣可口,美味无比。

朋友还说,五香卷之所以好吃,是因为其制作工序有许多讲究。比如,瘦肉要提前腌制,这样才能保证味道充分进到肉里。如果爱吃偏肥一点的肉,也可以选择五花肉,这样既能保证五香卷的原味,肥肉的加入也能让五香卷更为美味。另外,在卷豆腐皮时一定要卷紧,还要在豆腐皮的边缘抹上面糊,以保证豆腐皮能够紧密地粘在一起,不会散开而影响形状,甚至影响成条。最为重要的是:红葱头一定不能少,因为当地人非常喜欢红葱头的味道,认为它是五香卷吃起来香喷喷的关键。如果嫌剥葱头麻烦,也可用洋葱代替,但味道会打些折扣。

此外,五香卷也如其他的闽菜一样,对火候有着极为严格的要求。因为五香卷是油炸食品,炸制时一定要掌握好火候。朋友说,炸五香卷时使用中火即可,因为火太大的话,外面的豆腐皮容易变得焦黑,而里面的肉味却还未达到最佳。而火太小的话,则会让里面的肉质过老,影响口感,也会破坏外皮的成色和卖相。

一道小小的五香卷居然有这么多的讲究,朋友绘声绘色的描述让我对五香卷更加神往。服务员把五香卷端上来的时候,我仔细一看,它果然像朋友说的那样,色泽金黄,香气扑鼻。我们趁热食用,品味着外酥内嫩、醇香可口、馅料嫩滑、肉香醉人的五香卷。我连着品尝了两个,不由得连连点头称赞。朋友一边吃,一边不无遗憾地告诉我,这里的五香卷虽然美味,但比不上小时候家里做的五香卷的味道。那时候家里买不起太多的肉,就只加

一点肥肉片提味,然后把白萝卜丝裹一点淀粉,卷进豆腐皮里,入油锅一炸,吃的时候配上青菜,那种美味他一直念念不忘。

我没有吃过长乐当地人家中做的五香卷,但见朋友神采飞扬,一脸的幸福,我便能推测出他小时候常吃的五香卷有多么美味,于是我不由得艳羡起来。我不禁有些期待,倘若再有机会来福州,来长乐,我定要尝一尝地道的家常五香卷。那种带有幸福的味道,吃上一口便会终生难忘吧。

国惠大酒店餐厅

地址　长乐区吴航路国惠大酒店

电话　0591-27588888

糟汁氽海蚌
集百川灵气于一体

　　海蚌这种东西，我向来不太喜欢，因为小时候老爸做过一次炒海蚌的菜肴，我吃过之后消化不良，胃疼了一个晚上，去医院又吃药又打针，差点把胆汁吐出来。这是一段使我印象深刻又感到极为痛苦的经历，它已经在我的心里留下了一道阴影，我自那之后视海蚌如大敌，十多年都不敢再吃这东西。

　　最近来福州旅行，我品尝了特色菜肴鸡汤氽海蚌，里面的鸡汤鲜美无比，几乎吃不出海蚌的味道，这令我感觉甚是轻松。长乐的朋友向我推荐糟汁氽海蚌，说只有品尝了这道菜，才会知道海蚌的真正口感和味道。我心里对此既向往又排斥，我宁愿留在鸡汤氽海蚌的美味中，也不想尝试海蚌的原汁原味。朋友又说，新鲜的海蚌营养价值极高，富含优质蛋白质和氨基酸，而且还有一定的食疗作用。长乐盛产海蚌，在国内是有名的海蚌产区，这里

的海蚌个儿大,外壳薄,肉质脆嫩,味极甘美,又富有营养,所以多半被高档酒店选为上乘膳品。

听朋友这样一说,我不禁有些心动,心想,糟汁氽海蚌既然能作为顶级酒店的膳品,应该不会让人吃后胃疼,或有不舒适之感。我正好跟朋友逛海鲜市场,他告诉我哪一种是长乐当地产的优质海蚌,只见这些海蚌个儿大壳薄,壳顶呈淡紫色,其余部分呈米黄色或灰白色,腹足饱满,咸腥味较淡。而其他产区的海蚌则是颜色发黑,肉质松垮,带有一股咸腥味。

早在明朝的时候,福州人就已经开始研究海蚌的吃法。因为当地海蚌极其鲜美,所以长期被钦点为宫廷贡品,老百姓无福享受此等美食,只有那些有一定地位的官宦人家和乡绅富豪才能吃到用海蚌做的美食。即便到了现在,长乐的海蚌也多销到大城市的高级豪华酒店和饭店,在大街上的普通餐馆和小吃店,是很难寻到海蚌菜肴的踪影的。

我觉得有些奇怪,海蚌不过是海鲜类的一种,并且食材并不罕见,为什么小饭店里很少做海蚌这道菜?朋友说,海蚌不像其他海鲜,随便蒸煮一下就可以直接吃。用海蚌做菜,配料、火候和味道都很重要,稍微有点偏差,就糟蹋了海蚌。所以说,一般都是高级餐厅和酒店的大厨烹制海蚌。单单做一道糟汁氽海蚌,就可以展现出各路厨师超凡的烹饪手艺。

用红糟入菜是闽菜的特色。红糟并不是闽越地区的原生调料,它是在历史的大迁移中,从中原地区传入闽地的。由于红糟有一股特殊的香味,并且对于保持食物的鲜美和色泽功效很大,因此它被纳入闽菜调料,并成为闽菜中必不可少的一种特殊调料。

用红糟制作的鸡肉、鱼肉、猪肉都是闽菜中常见的特色菜品,它们都富有典型的"红糟烹调"特点。而用红糟处理海蚌,不仅能保持海蚌原有的鲜味,而且能激发出海蚌中更深层次的味道,还能给菜品调出艳红亮丽的颜色,让人看起来赏心悦目。

在大酒店里品尝糟汁氽海蚌,虽然价格比较高,但对我而言,一道菜如果能改变我十多年来对海蚌的成见,是绝对值得一试的。而且糟汁氽海蚌历经千年而不衰,说明这道菜具有极其旺盛的生命力,我只有亲自品鉴一番,才能体会到其中的妙处。

跟朋友约好一起去国惠大酒店品尝糟汁氽海蚌,酒店餐厅里的豪华装饰不消多说,单是用餐的温馨氛围,就足以令人感到兴奋和期待。我们点了一道主厨特制的糟汁氽海蚌，又搭配了其他几个特色小菜。在静心的等待中，我似乎已经闻到了红糟的鲜香气味。

菜品做好以后，由主厨亲自将其呈上。星级酒店的摆盘一向很讲究，白色的瓷盘映衬着粉红的菜肴。这道菜除了散发出海鲜的清甜香气，还弥漫着独特的糟香味。主厨把这道菜品的制作方法向我们娓娓道来：先将蚌肉切片，处理蚌裙和蚌纽，然后在沸水锅中氽一下蚌肉，捞出沥干水分，剔净蚌膜之后将其放在碗里，加入黄酒抓匀后，滗去酒汁。微火烧热熟猪油，将姜末儿和红糟煸出香味，加入黄酒、白酱油、味精、白糖和鸡清汤慢煮。当汤汁收至一半的时候停火，将汤汁慢慢倒入铺好干净纱布的碗中，滤去酒糟杂质，然后将滤净的糟汁徐徐地浇在蚌肉上即成。

对于主厨的介绍，我有些疑虑，蚌肉只用沸水氽一下，再用黄酒腌一下，然后就浇上糟汁食用，制作工序似乎太简单了一些，味道真的会好吗？我拿起筷子，夹起海蚌肉尝了一口，海蚌肉质脆嫩肥美，味道醇美丰厚，糟香绵密浓郁，跟我小时候吃的那种爆炒海蚌味道完全不一样，甚至让我感觉这两道菜品使用的不是同一种食材。海蚌肉有一种清爽宜人的味道，挑逗着味蕾，我把它咽下去，舒适的快感在身体里蔓延开来，顷刻间它将多年来我对海蚌的所有疑虑都一一清除。

盘中淡雅的粉红色海蚌在水晶灯的照射下，显得熠熠生辉，我恍然明白，红色之所以成为闽菜烹饪美学中的主要色调，是因为它寓意着红红火火，因为它代表了雍容华贵，因为它象征着热情奔放……我转遍大街小巷寻觅美食的踪影，每一道带有红色色调的菜品都带给我太阳般的温暖、玫瑰般的浪漫、火焰般的希望。

香帝西饼

地址　长乐胜利路一中路口对面

电话　0591-28821979

鸳鸯饼
在天愿作比翼鸟

老一辈福州人有句话叫"七遛八遛莫离福州",寓意福州饮食风味独好,让乡人不忍离去。鸳鸯饼也可以算是福州饮食中风味独好的美食之一。说起鸳鸯饼,在山东聊城莘县古城镇有一种名吃,也叫鸳鸯饼,它与福州的鸳鸯饼有异曲同工之妙。

福州的鸳鸯饼虽然没有山东聊城的鸳鸯饼有名气,可是它的口感和受欢迎程度毫不逊色于后者。福州的鸳鸯饼内外最多的一共有七层,它采用精猪肉、小麦精粉、红豆沙、年糕为主要材料,做法特别讲究。之所以将其称为"鸳鸯饼",是因为它里面的馅儿是两两相扣的,宛如成双成对的鸳鸯。

鸳鸯饼的制作成本不高,因此成为深受福州普通百姓喜爱的一道小点心。人们茶余饭后品尝一块鸳鸯饼,会生出一种幸福甜蜜的感觉。如今,在福州,很多人家把鸳鸯饼当作夫妻礼饼和相亲礼物相送,过年过节的时候,亲朋好友之间也互赠鸳鸯饼,以表达彼此之间的深厚情意和祝愿。

我一直对这种小点心怀有一种敬意和向往之情。无论是"在天愿作比翼鸟,在地愿为连理枝",还是"得成比目何辞死,只羡鸳鸯不羡仙","爱情"这个词总是能让人产生深深的感动。而当我在肚子有些饿的时候，或者在街上闲逛时，我更希望能搜罗到这种富有"爱情传奇"色彩的鸳鸯饼。

我穿过一条街，拐过路口，来到了"香帝西饼"这家小店。我正好赶上鸳鸯饼刚刚出炉，香味扑鼻，顿时激起了我的食欲。我进店要了两个，试着品尝一下"爱情"的甜味。刚出炉的鸳鸯饼色泽诱人，香气四溢，闻起来既有鸡蛋的香味，又有油酥皮的清香，甚至连里面的肉松、豆沙、年糕的味道都慢慢从那小小的鸳鸯饼中散发出来。我迫不及待地咬上一口，酥酥脆脆的皮香而不腻、鲜香味美，又能够感受到麻薯红豆沙的甜蜜，再深一层，是年糕和肉松完美融合的味道。如此丰富的口感层次，绵绵密密，深情款款，的确是我向往的爱情味道，让我尝了一个还想再吃。

香帝西饼在福州有很多连锁店，长乐这一家店的顾客不算多，没有拥挤的感觉。午后来店里要几个鸳鸯饼，配上一杯咖啡或者奶茶，坐在窗边欣赏街道上的风景：有年轻情侣相依而行，有中年夫妇携手逛街，有白发苍苍的老爷爷老奶奶相互搀扶，在这座美丽悠游的城市里，不同的人演绎着不同的浪漫爱情故事。

一种食物，一种情感。在福州，人们能处处感受到食物所蕴含的情感。福州美食蕴含着老福州人的生活韵味、细腻精致的生活情调。比如，通过这鸳鸯饼，我便体会到了原本感受不到的老福州情感。舌尖上的闽菜风味，舌尖上的榕城文化，就在这种种美食于唇齿间翻滚的时候悄然出现。

寻味福州

老地方大排档（商行街店）

地址　长乐区商行街与振兴路交叉口东北150米

电话　15980127099

芋粿
最纯正的"福地"美味

　　俗话说："早餐要吃好，午餐要吃饱，晚餐要吃少。"早餐作为一日三餐中最重要的一个环节，所提供的营养应该是最多的。福州的传统早餐小吃品类丰富，能够满足各种营养需求，为人们开启一天的美好时光。福州人常吃的早餐有鼎边糊、豆浆、白粥、芋粿、虾酥和海蛎饼等。在众多早餐中，我对芋粿情有独钟，因为第一次吃的时候，那种酥糯香甜的味道虏获了我的心。

　　芋粿在福州方言中音似"卧威"，俗名又叫芋头粿、三角糕。它的主要原料是按照一定比例混合而成的芋头和料浆，蒸熟后，切成三角形，用油炸制而成。几乎在每个福州早餐店里都可以看到芋粿的身影，可以说，芋粿是福州人心中难以割舍的美味。大清早坐在店里，点一份鼎边糊或者白粥，搭配芋粿和虾酥，就着醋虾米和拌紫菜，这样的搭配在福州的街头随处可见，可以说是最为地道的福州早餐。

　　芋粿不仅是市民爱吃的早餐，也是福州地区特有的传统应节食品和节俗供品。芋粿由粿品演变而来，最初的粿品与祭神祀祖的活动有关，寄托着美好的祝愿，寓意着吉祥。

关于芋粿的起源，还有一种说法，认为它虽然是福州小吃，却带着浓浓的京城味。当年有很多福建人在京城做官，最有名的当数清代康熙年间文渊阁大学士兼吏部尚书李光地。他们把京城精美高超的烹饪技术带回了家乡，结合当地的米粉和芋丝等食材，新创了许多风味独特的美食小吃，芋粿就是其中的一种。

作为福州地区的著名小吃，芋粿自然有它独特的魅力。它以早米、白芋为主料，具体的做法是将早米充分浸泡后磨成浆，白芋切成丝状，将二者调和均匀后加入花生、芝麻、盐等配料，放到蒸笼上蒸熟，切成三角形的小块后下油锅炸好。刚刚出锅的芋粿，色、香、味俱全，外皮呈晶莹的金黄色，表皮酥香，内质软嫩，咬上一口，唇齿留香。

芋粿有很多种吃法，老人喜欢伴着鼎边糊和豆浆吃，不黏牙的芋粿搭配着鼎边糊下肚，便是最佳的味觉享受；青年人吃芋粿还喜欢蘸福州的虾油和酱油，芋粿糯香的内馅能够完美地吸收虾油的味道，一口下去，满是芋粿的鲜美。

福州的小吃在海内外都十分"吃香"。南洋的商人常常不远千里来到福州的街头聘请做芋粿的师傅到海外办厂子，传授芋粿的制作方法。做好的芋粿鲜嫩可口，夹一个，香喷喷，咬一口，绵丝丝，内鲜外脆，里嫩皮酥。

芋粿不仅是老福州人的记忆，也是一道年轻人热爱的美食。一日傍晚，我陪同友人在长乐区闲逛，听闻这里的老地方大排档很有名，便要去品尝。去了后发现几乎每桌上都有点好的芋粿。这是朋友记忆中的美食，这次他当然不能错过。我们点了一份，做好的芋粿很快就端上来了。刚做好的芋粿，配着浓香的汤汁，冒着淡淡的热气。拿筷子夹起一块，咬下去的一瞬间，鲜香充盈在口中，兼有粗粮的饱足感。老板看着我的样子，笑着说："20世纪60年代，福州的婚宴上最著名的四大金刚就是'炒米粉、地瓜粉、芋粿、卤面'，这些可都是那些年让人满足的美味，传承了一代又一代。"

芋粿有着鲜明的特色。一是芋粿的历史悠久，从清朝李光地在朝为官时就开始名声大噪，至今足有300多年的历史；二是芋粿具有综合性，无论是在做法上，还是在取材上，都融合了各个地方的长处；三是食材保持原生态，用的都是纯天然、无污染、土生土长的食材，让人十分安心。

所以，来到福州，怎么能不去品尝一下芋粿呢？

福清市
福地美味,有容乃大 >>>>

山自永福,水自清源,记忆中的乡情,飘散着一道袅袅升腾的汤味之香,犹如琴声悠扬,犹如月满闽江,糅尽天地华美,浸入一捧芬芳。

祥广记(福清万达店)

地址　福清市万达广场2号门3楼3022商铺

电话　0591-86550960

福清春卷
皮薄如蝉翼的民间小吃

食物对于大多数人而言也许只是饱腹之物,他们在工作繁忙之际,匆匆在快餐店点一份简单的食物,囫囵吞下后便会立刻投入工作之中。但在福建,美食却像生活中的调剂品,给人带来愉悦的享受。就像韩剧《食客》中的台词:"料理食物就像料理人生,品尝美食就像品味人生。在食物里,有感情,有哲学,更有眼泪和感动。"

更多时候,福州人也将许多美好的祝愿寄寓在食物中,春卷便是其中的一种。福清春卷是福州一道著名的民间小吃,俗名春饼。作为一种传统美食,它是百姓自家食用的美味,也是待客的首选。春卷历史悠久,陈元靓的《岁时广记》中曾有记载:"在春日,食春饼,生菜,号春盘。"由此可见,春日做春饼,食用春饼的习俗由来已久。

在福州民间,流传着一个有关春卷来历的有趣故事。宋朝年间,有一位名为陈皓的书生才貌双全,年仅十八。他的妻子阿玉贤良淑德,品貌端庄,聪明贤惠。两人伉俪情深,情投意合。

陈皓自小就立下宏志要造福百姓，为施展抱负，他准备考取功名。陈皓读书废寝忘食，常常夜以继日。妻子阿玉看着丈夫日渐消瘦，心中万分难受。为了不让丈夫挨饿，她总是五更起半夜睡，为丈夫准备丰盛可口的饭菜。陈皓一心读书，几乎每次都没有按时吃下她备好的饭菜，细心的阿玉只好一次又一次地加热饭菜。阿玉总觉得如此反复也不是个办法，这样下去丈夫的身体一定会累垮，于是她冥思苦想出了一个解决的办法。

第二日，阿玉将米磨成细粉，制作成面皮，包上新鲜的蔬菜和肥美的肉食，配上适当的作料，然后放油锅里一炸，阵阵香气扑鼻而来。这样简便的食物，既节省了食用时间，又味道鲜美，还能饱腹。自此，陈皓每日都能按时吃上美味的饭菜，他感谢妻子的用心良苦，读书的劲头更胜从前。不久之后，陈皓进京赶考，除了带上应试的用品，也带上了这道美食。科举考试结束后，陈皓金榜题名，高中状元。红榜一出，兴奋的他把自己带来的干粮送给考官们品尝。考官们一尝，连连称赞，便问陈皓是从哪位名厨的饭铺里购买的，陈皓说这是自己的妻子阿玉所做。考官们一听，赠诗一首并称之为"春卷"，一时间传为佳话。从此以后，福州春卷名声大噪，甚至成为贡品。

福清春卷的制作工序较为简单，大多数人在家里也能做。一次旅途中，福清的一位朋友邀我到家里做客，时间赶巧，当时家中长辈们正围着桌子做春卷。我拿起一个已经成形的春卷，只见它皮薄似蝉翼，可以映字，又轻又薄。

朋友告诉我，他家春

卷的外皮由白面粉加少许的水和盐揉捏而成,把外皮放在平底锅里摊烙成圆形面皮,然后将制作好的熟馅料放在圆形面皮上,两头折起,卷成长条状,下锅炸成金黄色就可以了。听他说得简单,我也尝试了一番。据老人们说,除了外皮,春卷的内馅也十分讲究,主食材是鲜嫩的豆芽,同时可以搭配肉丝、豆腐干、韭菜、鱼丁、牡蛎、蛤肉、缢蛏、虾仁、笋碎等。这些食材都要事先备好,炒熟。用外皮包裹肉馅,放入滚油里一炸,金灿灿的,鲜嫩酥脆,无比爽口,这就是著名的"炸春"。

在福清,许多饭店都有这道美食,它可以当作小吃,也可以当作配菜或佐酒菜。我们去的这家店,是位于闹市区的知名老店"祥广记",它汇聚了福清许多独具特色的地方小吃,传统古朴的装修让人有身临福州老家宅之感。进入店中,发现很多食客都是福州当地人,看得出,他们经常在这家小餐馆品尝本地的特色小吃,已经是这里的熟客了。

我们要的春卷是刚炸出锅的,趁热吃下,外皮薄酥脆,馅心香软,馅里的肉丝和虾仁鲜而不腻,口感极佳。我在春卷上咬了一个小口子,在缺口处淋上调好的酱汁,吃起来十分美味。听朋友介绍,春卷风味独特,是南方特有的美味,也是福州人春季的时令佳品。而且在福建的大多数地区,人们把春卷当作逢年过节必备的食物,就好像北方人逢年过节必吃的饺子一样。

> **五谷咸饭**
> 地址　福清市音西街道阳光锦城3号楼E区01店面
> 电话　18359595083

咸饭
当菜肴邂逅米粒

福清市　福地美味，有容乃大

　　福州的朋友说，福州人对美食的追求是无止境的，而在福州众多的美味中，咸饭可以说是最为浓墨重彩的一道美食。我不禁有些疑问，为何咸饭这种朴实无华的食物，也能成为福州的美味？朋友说，咸饭虽然质朴简单，可是能牢牢抓住食客的感官，让人吃上一口便欲罢不能。在福州，这是一道最为普通的家常主食，家家户户都会做，所以，咸饭成了福州人永远忘不了的家乡味，无论走到哪儿，它总承载着福州人对家乡的眷恋。

　　咸饭是福州人的传统菜肴，也是一种米饭的烹饪方式。咸饭种类繁多，大家耳熟能详的有南瓜咸饭、萝卜咸饭、五花肉丁咸饭和芋头咸饭等。咸饭并不是大家熟知的炒饭。它也不是粥，虽然有时带点汤水，但其实是饭的一种。令人意外的是，小小的一碗咸饭，居然还有清凉降火的功效。

　　"老板，来一碗咸饭！"在福清的五谷咸饭这家店里，到店的顾客都要点上一碗正宗的咸饭。事实上，福州的很多饭店都会向食客提供咸饭。对于福州人来说，咸饭是一个集合概念，是各类咸饭的统称，而且每家饭店的咸饭味道都不同，也许在这家店里吃到的咸饭是芥菜饭，在另一家吃到的或许就是马铃薯饭或者南瓜饭。

  朋友告诉我，福州咸饭的种类很多，风味各异，有一些咸饭的品种甚至是老百姓自家独创的。就像他自己，经常在家里烹饪大骨肉饭。我很难想象大骨跟米饭一起搭配的滋味。他告诉我，大骨肉饭其实就是将大骨头炖透，剔下骨头上的碎肉，与大米和骨汤一起熬制而成的。我一听，也萌生出自己做一顿咸饭的想法。

  店里的老板看我兴趣盎然，便告诉我后厨的陈师傅正在做家常咸饭，可以让我过去观摩和体验。有此良机，我当然不会放过。陈师傅告诉我，做咸饭要先用冷水把米泡好，这样米饭才能入味，然后备好香菇、虾仁、蛏干、肉丁、萝卜等食材。陈师傅提点道："要先把肉切成肉丁，在油中炸至红而不焦时捞起，然后将香菇、虾仁、蛏干等放入油中炒，最后把所有食材和大米放在一起小炒一会儿。"20分钟过去，我眼见饭熟就要起锅，陈师傅却说："做咸饭最重要的环节在于焖，米的软硬度和饭的松软度都由这道焖的工序来控制，失之毫厘，差之千里，味道会大打折扣。"我这才发现，想煮出一锅令人满意的咸饭并没有想象中的容易，要拿捏好火候、水量和油量才能做出一道佳品。

  开锅了，香菇、海鲜、大米等食材在高温的作用下发生了奇妙的变化，不同食材在锅中交汇融合，酝酿出一种全新的味道，而这就是咸饭如此美味的奥秘。虽然每一种咸饭用的食材不同，但是做法十分相似，多种新鲜食材搭配在一起，在柴火中交融，飘散出特殊的味道。正是这种味道，牵着福州人的魂儿，无论他们漂泊到何处，都会怀念这一口咸饭，因为这是家的味道。

> **天河大酒店**
> 地址　福清市江滨路 24 号
> 电话　0591-86928777

福清市

福地美味，有容乃大

八宝鲟饭

巧搭成味，浓香扑鼻

八闽大地与山水相连，物产丰饶。海鲜是福建人舌尖上的美味，而秋季又正是海鲜大放异彩的季节。说起福建秋日的海鲜，少不了要提红鲟，因为秋天正是红鲟肉满膏肥的时候。

福建人常说，一旦吃过秋天的红鲟，便很难忘记它的美味。那些肥美艳丽的红鲟，表面带着海水的潮湿和淡淡的咸味，不动声色地诱惑着食客。而八宝鲟饭就是一道用红鲟做出的人间美味。

八宝鲟饭是福州的传统佳肴，它在闽菜中的地位与佛跳墙、鸡汤氽海蚌等名菜无异。做这道菜时先将猪肚、鸭肉、鸭肫、腿肉、水发香菇、净冬笋切成小块，再加上花生仁、虾米和糯米，最后放入熟猪油、味精以及黄酒，拌成八宝饭，与鲟一起蒸熟。最重要的一步是将少许水淀粉调稀勾芡，再与明油和匀，浇在八宝鲟饭上，这样做出的八宝鲟饭便是最正宗的。

八宝鲟饭以红鲟为主料，吸收了多种调料的精华，颜色令人赏心悦目，口感咸甜相济，宛若天成，具有香、甜、烂、软的风味特色。八宝鲟饭有很

177

好的养生功效,能够消积健脾、养心安神。

八宝鲟饭历史悠久,是从传统八宝饭改良而成。周朝已有八宝饭,是御厨用八种珍品制成的,用于隆重的庆典,犒赏有功之臣,被奉为宫廷珍品,历代仅供权贵享用。直到清朝没落,御膳房也随之瓦解,八宝饭的制作方法才流落到了民间。淳朴的老百姓用他们的聪明才智,制作出各种各样的八宝饭,八宝鲟饭就是其中的一种。

八宝饭中的"八宝",源于八宝图中的玉鱼、和盒、鼓板、磬、龙门、灵芝、松、鹤八种祥瑞之物,有着祈求平安吉祥的寓意,食材主要用到莲子、桂圆、红枣、蜜樱桃、蜜冬瓜、薏仁米、瓜子仁、红梅丝。八宝鲟饭中的"八宝"食材更丰富,它就像一只"聚宝盆",祝愿每个人在新的一年里,财源滚滚来。

我去的这家天河大酒店所做的八宝鲟饭,主料是红鲟,就是我们常说的青蟹。红鲟生长在闽江和海水的交汇处,兼有海味和河鲜的特色,肉质鲜美,营养价值高,素来是筵席中的常客,并有着"营养胜人参"的美誉。初见八宝鲟饭,我就被它独具匠心的做法和精致的品相吸引住了,红彤彤的蟹黄缓缓溢出,覆盖在下面的海鲜饭上,饭中的"八宝"飘香四溢,惹人垂涎。一口八宝鲟饭吃下去,便知何为人间至味。

> 福清滑粉（隆辉店）
> 地址　福清市龙辉大厦1楼
> 电话　15059130303

福清市　福地美味，有容乃大

牛滑
舌尖上的原汁原味

　　牛滑是福州风味小吃中历史最为悠久的一种，却不如鱼丸和肉燕有名，主要原因是牛滑制作的传统工艺几近失传。其实，从清末起，牛滑的制作工艺就开始走下坡路，精于制作牛滑的厨师也越来越少，这对于喜欢吃牛滑的福州人而言，不得不说是一个遗憾。

　　在中国饮食传统中，人们做菜偏爱使用猪肉、鸡肉，而很少用牛肉。因为牛是耕地的家畜，又是古代王公贵族祭祀的祭品，所以民间百姓不会随意宰杀耕牛。近代，国外牛排等西餐传入中国，中国人传统的饮食观念也发生了改变，并逐渐开发出牛肉类的美食佳肴，牛滑也重新进入大众的视野。

　　如今，在福州吃牛滑很方便，我来到福清时，选了一家人气很旺的饭店"福清滑粉"。这家饭店主打各种牛滑，极富地方特色，不仅本地人视它为美味，就连匆匆流转于福州的过客，也对其赞不绝口。听闻这家店以前的环境远不如现在，店内的墙面斑驳，桌椅破旧，灯光昏暗，可是顾客依然络绎不绝。到后来，这家店重新装修，环境有了极大改善，窗明几净，最重要的是牛滑的味道依旧正宗且醇厚香浓。

坐在店里,看着窗外熙熙攘攘的过客,我的思绪仿佛穿越百年时光,随着历史遗迹,来到多年前的内河小码头,随处可见的货船从这里出发,码头工人忙碌的声音依稀在耳畔回响。或许当年,也有食客如我一般,坐在某家老店里,点上一碗香味扑鼻的牛滑汤,再配一屉小笼包,看着江上船来船往,惬意如斯。

遐想了一会儿,我便被牛滑倒入碗中的声音唤回了现实,只见牛滑从大锅沸腾的汤水中"一滑而就"。听当地人说,站锅师傅在用大漏勺舀起牛滑时,也要给碗中注满足量的汤汁,要做到勺到汤满,滴水不漏,这可称得上是一项烹饪绝技。不过,要达到这个效果,还未入锅的肉一定要处理妥当,要选用无筋、无骨的牛后腿精肉,加入少量的地瓜粉和精盐,充分捣烂。然后掌勺师傅将做好的一团牛肉泥握在手中,一块一块揪下来,扔进滚汤中,随即捞起。捞牛滑时速度一定要快,不然最先下锅的牛滑会老,只有快速滑出来的牛肉,才韧而不硬,富有弹性,有嚼头。

"唯有美食与爱不可辜负",我对福州这座城市的感情,就在旅途中与日俱增,而美食便是催化剂。旅途中的人,一定看过许多美景,也品过很多美食,这些美好的遇见一定会带来感动和欣喜,甚至走进行者的内心深处,勾起藏于心间的乡愁。我用这篇小小的文章将这种体验记录下来,也借此致敬这始终如一的传统美味和制作这些美味的人。

> **茴香蛎饼**
> 地址　福清市城隍街与田墘路交叉口西100米
> 电话　15394556114

福清市　福地美味，有容乃大

海蛎饼

壳儿酥脆，馅儿鲜美

　　走在福州街头，我时常能闻见空气中弥漫着一股海蛎的味道。有一次我追随着味道寻去，来到一个小摊前，摊上摆满了色泽金黄的圆形小饼，这些小饼便是极具福州风味的海蛎饼。虽然海蛎饼在福州随处可见，看起来很普通，但它在福州人心中却有着极高的地位。

　　关于海蛎饼，还有着一段有趣的历史故事。相传在清朝初期，福州有位年轻人接替父亲在闹市中卖早点，虽然他勤勤恳恳，可生意惨淡，早点摊无人问津，他每天都在为这件事情发愁，却束手无策。有一天晚上，他梦见一位白发苍苍的老人对他说："你的好日子在后面呢，一定会转运的。"他紧忙问道："那我要怎么做才会转运呢？"老人什么都没说就走了，年轻人就慌慌张张地追赶上去，突然看见天上月白云清，星星闪烁，下一秒又成了旭日东升，霞光万丈。他从梦中惊醒，心里琢磨了一会儿，顿时有所领悟。他连忙把大米、黄豆磨成浆，放入海蛎做的馅料，接着把形似明月的海蛎饼放在油里炸。饼在油中翻滚，好像彩云间的光亮，熊熊的烈火又似霞光万丈，

181

最后海蛎饼炸成了,又好似金黄色的太阳。年轻人做的海蛎饼色泽金黄,味道鲜美,营养丰富,很快就受到了大家的欢迎,而且一直流行到了今天。

海蛎饼是福州人从小吃到大且百吃不腻的美味,金黄色的圆饼外壳酥脆,内馅鲜美,一口咬下去,荤素都在其中。位于城隍街与田垱路交叉口的"茴香蛎饼"店专营海蛎饼,已经做了好多年,在当地很有名气,现在由于网络的传播,也成了网红店。

他们家的海蛎饼远近闻名是有道理的。海蛎饼比起其他的街边美食,做法要更复杂一些。为了做出口感新鲜的海蛎饼,天微亮的时候,店家就要将前一天晚上浸泡的大米和黄豆捞出来,然后用石磨磨成浆。推磨时需两人配合,前面一人不停地推磨走,后面一人则要往磨眼里添水添米,磨眼不大,添米的时候要小心翼翼,否则很容易漏到外面。循环往复中,大米和黄豆磨成了米浆,盛在一个大瓦缸里。然后将海蛎肉、猪瘦肉、小葱和韭菜调和成馅料,一起放在铁盆里,做海蛎饼的准备工作才算基本完成。

炸制海蛎饼时,一般要把浆和馅料放在油锅两边,油锅上架着特制的长铁箅,厨师左右手各握一把长柄的瓢勺,先舀起一点米浆,再把调好的馅料铺满,接着用米浆盖住,然后慢慢把勺子伸入沸腾的油锅中炸,直到外壳炸至焦黄,便可捞起放到箅子上。传统海蛎饼的做法并不简单,火候的大小、米浆的稀稠、馅料的咸淡都依赖于店家长年累月积累的经验,可以说,每一个海蛎饼都是店家的倾心之作。

在福清游玩的时候,我发现街边还有一种价格便宜的海蛎饼,也受到

大家的喜爱。这种海蛎饼同样是用米浆做饼壳，但用虾米、韭菜、萝卜丝和菜干代替海蛎和精肉作馅料，虽然不是传统的做法，可是吃起来依旧外酥里嫩，唇齿留香。和传统的海蛎饼比起来，这种新式蛎饼看起来更秀气、更纤小，所以人们通过饼的大小就可分辨出馅料的种类。当然，二者在价格上也有明显差异。

在福清的那段时间里，我总爱在早上7:00左右去茴香蛎饼店买两个海蛎饼，配上鼎边糊作为早餐，一干一稀，搭配绝佳。轻轻地咬下一口，酥脆的外皮在咀嚼中变软，荤素搭配的馅料油而不腻，鲜香四溢，总感觉福州的街头香气都尽在口中了。如果运气好的话，还可以在蛎饼中吃到两大块海蛎，此时的我就会像中了奖一样开心。

每当吃海蛎饼的时候，我总不舍得吃完。早晨，川流不息的大街上，很多人手里拿的、嘴里吃的都是这种圆形的小饼。海蛎饼虽然只是简单的早餐小饼，却是一道唤醒活力的美食，让每个吃到海蛎饼的人，都能有一个欢快惬意的早晨。

本图书由北京出版集团有限责任公司依据与京版梅尔杜蒙（北京）文化传媒有限公司协议授权出版。
This book is published by Beijing Publishing Group Co. Ltd. (BPG) under the arrangement with BPG MAIRDUMONT Media Ltd. (BPG MD).

京版梅尔杜蒙（北京）文化传媒有限公司是由中方出版单位北京出版集团有限责任公司与德方出版单位梅尔杜蒙国际控股有限公司共同设立的中外合资公司。公司致力于成为最好的旅游内容提供者，在中国市场开展了图书出版、数字信息服务和线下服务三大业务。
BPG MD is a joint venture established by Chinese publisher BPG and German publisher MAIRDUMONT GmbH & Co. KG. The company aims to be the best travel content provider in China and creates book publications, digital information and offline services for the Chinese market.

北京出版集团有限责任公司是北京市属最大的综合性出版机构，前身为 1948 年成立的北平大众书店。经过数十年的发展，北京出版集团现已发展成为拥有多家专业出版社、杂志社和十余家子公司的大型国有文化企业。
Beijing Publishing Group Co. Ltd. is the largest municipal publishing house in Beijing, established in 1948, formerly known as Beijing Public Bookstore. After decades of development, BPG now owns a number of book and magazine publishing houses and holds more than 10 subsidiaries of state-owned cultural enterprises.

德国梅尔杜蒙国际控股有限公司成立于 1948 年，致力于旅游信息服务业。这一家族式出版企业始终坚持关注新世界及文化的发现和探索。作为欧洲旅游信息服务的市场领导者，梅尔杜蒙公司提供丰富的旅游指南、地图、旅游门户网站、App 应用程序以及其他相关旅游服务；拥有 Marco Polo、DUMONT、Baedeker 等诸多市场领先的旅游信息品牌。
MAIRDUMONT GmbH & Co. KG was founded in 1948 in Germany with the passion for travelling. Discovering the world and exploring new countries and cultures has since been the focus of the still family owned publishing group. As the market leader in Europe for travel information it offers a large portfolio of travel guides, maps, travel and mobility portals, Apps as well as other touristic services. Its market leading travel information brands include Marco Polo, DUMONT, and Baedeker.

DUMONT 是德国科隆梅尔杜蒙国际控股有限公司所有的注册商标。
DUMONT is the registered trademark of Mediengruppe DuMont Schauberg, Cologne, Germany.

杜蒙·阅途 是京版梅尔杜蒙（北京）文化传媒有限公司所有的注册商标。
杜蒙·阅途 is the registered trademark of BPG MAIRDUMONT Media Ltd. (Beijing).